AF389062

Charles Godard

LE NOUVEAU COLLÈGE
DE GRAY

A MONSIEUR BERGER
Principal du Collège de Gray
Officier d'Académie

Hommage respectueux
de l'auteur
Ancien boursier de la Ville

NOTICE

SUR LE

NOUVEAU COLLÈGE DE GRAY

1789-1889

PAR

Ch. GODARD

Professeur d'Histoire au Collège de Montbéliard

———

Merses profundo, pulchrior exiet.
HORACE.

———

GRAY

IMPRIMERIE TYPOGRAPHIQUE ET LITHOGRAPHIQUE DE G. ROUX

1889

INTRODUCTION

Comme la Révolution de 1789 enlevait au clergé ses anciens privilèges et ses biens, le collège de Gray, dirigé par les Jésuites pendant plus d'un siècle, et par des prêtres que nommait l'archevêché depuis 1765, ne pouvait manquer de ressentir les effets de ce grand changement.

Dès 1790, le personnel fut presque entièrement renouvelé lorsque le serment civique fut exigé des prêtres en fonctions (1).

L'administration départementale se

---

(1) Voir mon *Histoire de l'Ancien Collège de Gray* (en vente chez M. Caussade).

montrait d'ailleurs bienveillante envers les professeurs, et, le 5 mai 1793, en vertu d'un décret du 8 mars, décidait que le traitement de chaque maître serait porté à 1500 livres (ce qui vaudrait environ 3.000 francs aujourd'hui). Malheureusement, les fonds manquaient ; les revenus et les bâtiments du collège ayant été déclarés biens nationaux, à tort évidemment, les administrateurs du collège n'eurent plus d'argent pour payer les maîtres et subvenir aux autres dépenses ; c'est ce qui entraîna la fermeture de l'établissement. Par une singulière contradiction, le gouvernement des Conventionnels promulguait deux décrets (13 mai et 15 septembre 1793) pour élever les traitements des professeurs ; mais on supprimait les collèges et les universités : leurs biens étaient vendus. Dix-neuf universités, 562 collèges disparurent ainsi en France ; en 1787 on y comptait 72.747 élèves. Gray se trouvait donc compris dans le désastre universel, et le Conseil municipal ne pouvait rien pour remédier à la chute de son collège séculaire.

Personne ne s'étant présenté pour faire l'achat des bâtiments, on y logea provisoirement quelques particuliers (jusqu'au 5 floréal an V) et en même temps on y établit les écoles primaires.

La salle de la petite congrégation, dépouillée de ses ornements, servit même à donner des bals publics. Le 27 frimaire an V (17 novembre 1796) plusieurs pères de famille, dont les enfants allaient aux écoles primaires, protestaient contre cette tolérance scandaleuse et demandaient qu'on retirât la permission donnée aux citoyens AUGER et MANSION, musiciens. « Le ci-devant collège, disait-on, est réservé pour l'instruction publique ; il est très indécent qu'on y voie des danses, où paraissent des soldats, des filles de mauvaise vie, etc. Les enfants viennent voir, attirés par le violon, une foule de gestes et autres actions qui les scandalisent, ce qui est peu conforme aux instructions morales qu'ils doivent recevoir, et ce qui les expose à se pervertir : on a vu en outre des rixes, comme à la date du 27 frimaire, où un nommé Briquet a été fort maltraité par des hussards, etc. »

Le conseil municipal mit fin à ces scènes de désordre ; il donna aussi satisfaction aux plaintes des instituteurs SIMON, PELLETIER, JANNOT et DUPALLET, mécontents de l'infection que répandait le fumier du négociant VACHERET, locataire de l'écurie. Le receveur des domaines nationaux dut y mettre ordre et fit sortir les locataires autres que les instituteurs (1). Ceux-ci obtinrent définitivement, au mois de messidor an IV, d'être mis en jouissance des jardins du collège ; après que l'ingénieur THIBORD eut fait visite des lieux pour constater que ce jardin ne devait pas être distrait de la maison, laquelle, en vertu d'une loi du 3 brumaire, pouvait être cédée à la ville pour l'établissement d'une école centrale (2).

Quant à la chapelle, qui fut longtemps inoccupée, le citoyen BEFORT, artiste dramatique, eut la permission d'y organiser une salle de théâtre (2 brumaire an VII, 23 septembre 1798).

Les anciens professeurs s'étaient dispersés. Cependant les Graylois voyaient avec peine qu'il était impossible d'organiser une école centrale. A l'époque de la Terreur, la Société montagnarde et révolutionnaire, d'après les auteurs de *l'Histoire de Gray*, pressa les officiers municipaux de créer un nouveau collège, et fit une adresse patriotique aux citoyens et citoyennes qui se proposaient d'enseigner toutes sciences utiles à la République, même les mathématiques et le latin. Si

---

(1) Registre des délibérations du secrétariat du directoire du département.

(2) Registre des avis sur pétitions.

personne ne se présenta, c'est que la vente des biens du collège et la suppression des octrois ne laissaient aucune ressource pour payer les professeurs. Lorsque le premier Consul réorganisa l'enseignement, les conseillers municipaux déclarèrent indispensables la création d'une école secondaire. Le Conseil, rappelant que le collège avait été construit aux frais de la ville, ajoutait : « *On pourrait regarder que cette maison appartient jusqu'à un certain point à la ville ; cependant, en la supposant devenue nationale, cette considération doit lui faire espérer qu'elle en obtiendra facilement la concession pour la création d'une école secondaire* » *(1)*. Peu après, le Préfet donna l'autorisation d'établir un octroi (1er frimaire an XI, 22 novembre 1802). Le Conseil réclamait deux professeurs pour le latin et le français, un pour l'histoire et la géographie, un quatrième pour les mathématiques : ils devaient être logés au collège, comme les instituteurs Pierre JANNOT et J.-B. PELLETIER (2).

---

(1) 5 messidor an X (25 juin 1802).

(2) Un arrêté du gouvernement (25 germinal an XI, 15 avril 1802), avait accordé à la ville la jouissance des bâtiments.

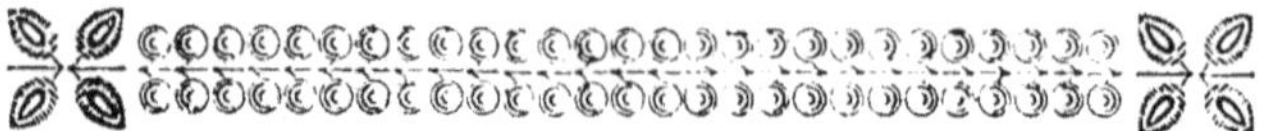

CHAPITRE I

Création de l'école secondaire (1804) ; M. Cou-
turier en est le directeur. Les professeurs et le
plan d'études. Le collège communal (1808).
M. Vernier principal (1811). L'invasion ;
Principalat de M. Samion (1815 à 1826). (1)

RACE au zèle de l'administration municipale, l'ouverture de l'école secondaire était assurée. Le 14 nivôse an
XII (5 janvier 1804), le bureau d'administration se réunit pour la première fois au
Collège. Il se composait du sous-préfet J.-F. Crestin,
du maire François Martin (père du célèbre baron
Alexandre Martin), de MM. Perron, commissaire

---

(1) Sources principales : Archives modernes, K., Regis-
tres du Conseil municipal et du Bureau d'administration ;
Presse Grayloise (1842-1888), Indépendant de la Haute-
Saône, Républicain de la Haute-Saône (1868-1880).

du gouvernement près le tribunal de l'arrondissement, Cl.-Fr. Lagnier, président du tribunal de Commerce, Joseph Denisot, ancien maire, ces deux derniers délégués du Conseil municipal, et Symphorien Charpillet, juge de paix. La ville accordait pour l'école secondaire 11.000 francs sur le budget de l'an XII ; mais 5.000 devaient être absorbés par les réparations. Le reste était réservé pour le traitement des professeurs. On pouvait compter sur un revenu fixe de 8.000 francs, et sur un revenu casuel de 2.500, provenant de la rétribution scolaire, pour les années suivantes. C'était assez peu, mais le bureau d'administration s'en contenta et décida qu'il y aurait six professeurs : un de sixième et cinquième, enseignant la grammaire latine, la grammaire française, l'arithmétique, avec un traitement de 900 francs, un de quatrième et troisième chargé d'enseigner les deux langues, l'arithmétique, les éléments de la géographie, de la chronologie, de l'histoire, moyennant 900 francs, un de deuxième et première classes, qui ferait en outre des leçons d'histoire de France, et toucherait 1.000 francs ; un professeur de mathématiques pour les petites classes aurait 1.000 francs, un autre 1.500 ; un professeur de belles-lettres latines et françaises, 1.500 francs également.

La rétribution scolaire fut fixée à 3 francs par mois pour les élèves de sixième, à 4 pour les autres, sauf pour ceux des deux classes supérieures, qui payaient 6 francs. Un prospectus fut inséré dans plusieurs journaux et répandu dans tous les chefs-lieux de canton du département.

Les candidats aux chaires se firent promptement

inscrire, et le Bureau présenta au Ministre une liste double de candidats dans lesquels il devait choisir les professeurs. C'étaient : Claude Longin (maître de grammaire à Gray, jadis professeur d'humanités), Nic. Meurin, Léonard Laillet (ancien professeur), Pierre-Ant. Gattey, ancien bénédictin, demeurant à Gray ; Guillebant, ex-oratorien (à la Flèche), Lombard, prêtre à Besançon, Laurent-Mourelet, géomètre à Apremont (professeur libre à Gray en 1783), Sébastien Planty, géomètre à Gray, Vannier, chef d'étude au lycée de Besançon, Pierre Fleury Pagnon, professeur de mathématiques à Tournon, Jean Couturier, professeur à Dijon, Claude-Ant. Gauthier, ex-cordelier, à Chancey ; le bureau d'administration, sur la demande du préfet, désigna comme directeur Couturier ou Vannier.

Tous ces candidats étaient des hommes capables, rompus à la pratique de l'enseignement et restés sans place depuis la Révolution. Les habitants de Gray, qui, depuis 1793 n'avaient pu faire rouvrir leur collège et voyaient leurs enfants privés de leçons ou obligés d'en chercher à un prix élevé auprès de quelques maîtres, virent avec joie, le 12 brumaire an XIII, 1er de l'Empire (4 novembre 1804), se faire l'installation des professeurs et l'ouverture de l'école secondaire. Après une messe à l'église paroissiale, les maîtres et les membres du bureau d'administration se rendirent en corps à l'Hôtel-de-Ville ; en présence d'un public nombreux, le Maire et le Directeur, M. Couturier, prononcèrent deux allocutions ; puis tous les maîtres prêtèrent serment de fidélité aux lois de l'Empire,

2

et l'ouverture des classes se fit au collège aussitôt après cette installation solennelle.

Le personnel des maîtres fut un peu modifié. La suppression de la seconde chaire de mathématiques permit de donner au collège un aumônier qui dut faire les cérémonies du culte dans l'ancienne chapelle ; ainsi qu'un professeur de dessin, qui fut le célèbre Mouchet, alors receveur des contributions à Gray. Tous les professeurs furent logés au collège, et se partagèrent les jardins ainsi que le préau. Un portier fut nommé, et, pour la somme de 200 francs par an, il dut balayer les classes, tenir propres les chambres des professeurs, etc.

Dans cette première année, il fallut prendre des mesures importantes et publier un règlement.

L'école s'était ouverte avec trente élèves seulement ; au bout de quelques jours, quatre avaient été retirés par leurs parents, qui ne voulaient rien payer et alléguaient qu'avant la Révolution l'enseignement était gratuit. Le bureau d'administration supprima la rétribution mensuelle et fit rendre par le receveur l'argent perçu.

Après avoir réglé les leçons du peintre Mouchet, qui dut faire cours tous les jours non fériés, de onze heures à une heure et de quatre à six, et les jeudis de deux à quatre, le bureau s'occupa de fixer les vacances, qui durèrent du 1er vendémiaire au 15 brumaire an XIV. Puis, quatre jours avant la rentrée, le règlement fut promulgué.

Des compositions préalables décidaient de l'entrée des élèves dans une classe. Les auteurs et le plan d'études furent réglés : pour la sixième et la cinquième, la première partie de la syntaxe de

Lhomond, un tiers environ de la seconde, la grammaire française de Lhomond jusqu'au printemps, partie de l'*Epitome historiæ sacræ*, des fables de *Phèdre*, *La Fontaine*, l'ouvrage de *Le Ragois* sur l'histoire de France, l'histoire romaine, avec un abrégé de géographie et de mythologie : un quart de chacun de ces objets était appris en cinquième et sixième. Un thème était dicté tous les jours aux élèves qui faisaient entre les classes une version latine. Les veilles de congé on dictait un thème ou une version. Les leçons des cinquièmes devaient être un peu plus étendues, et ils devaient être en outre chargés de préparer les explications (système abandonné depuis). Les élèves de troisième et quatrième étudiaient le reste de la grammaire, le second quart de *Le Ragois*, des morceaux de *Quinte-Curce*, *César*, *Corn. Nepos*. *Ovide* et *Virgile*. Au milieu de l'année on commençait la prosodie de *Le Chevalier* (qui nous a plus tard coûté tant d'ennuis) et la versification latine. Le professeur de deuxième et de première faisait son cours en deux ans, parce que ses élèves fréquentaient le cours de mathématiques : le deuxième avait des cours de lettres le matin, de sciences le soir, et réciproquement pour la première. On répétait quelques parties de la syntaxe, on voyait le troisième quart de *Le Ragois*, une des plus courtes *Oraisons de Cicéron*, des morceaux de *Salluste* ou de *Tite-Live*, *Virgile*, *Horace*, la troisième partie de la *rhétorique* à l'usage de Dijon, le premier chant de l'*Art poétique de Boileau*, les odes imitées d'Horace par *Rousseau*; thèmes et versions alternaient, avec des vers latins en surplus les veilles de congés, ou parfois des narrations françaises. La première achevait l'inévitable *Le Ragois*, traduisait *Tite-Live* ou *Tacite*, *Horace* ou *Virgile*, une oraison de *Cicéron*, la première partie de la *rhétorique*, le second chant de l'*Art poétique*. Le maître expliquait verbalement les règles de la versification française, exerçait les élèves à écrire en latin et en français, en prose et en vers.

Dans la classe de belles-lettres, qui se faisait aussi tous les deux ans, on expliquait et apprenait l'*Art poétique d'Horace*, ses *odes choisies*, des morceaux de prose et de poésie, le reste de la *rhétorique* et de l'*Art poétique de Boileau* ; les élèves étaient exercés à écrire et à réciter avec goût.

Dans la seconde classe de mathématiques on voyait l'arithmétique, les premiers principes d'algèbre, de géométrie, de trigonométrie, d'histoire naturelle, la première partie de la physique de *Jacotot*. La première étudiait l'analyse, l'application de l'algèbre à la géométrie, la seconde partie de *Jacotot*, la suite de l'histoire naturelle.

Chaque professeur ne pouvait dicter des notes pendant un temps qui excéderait la valeur de quinze jours de classe dans le cours de l'an, et de quinze séances dans les classes où les élèves n'allaient qu'une fois par jour. Il ne devait point être donné de devoir supplémentaire sans l'approbation du directeur. Le professeur de mathématiques et de physique pouvait dicter une demi-heure par jour, pour dispenser d'acheter des livres.

Un écolier devait pouvoir achever ses devoirs et leçons en quatre heures hors de la classe (déjà l'on se préoccupait du surmenage!). On ne devait pas faire apprendre plus de cinquante lignes in-12 par jour. Les répétitions étaient de trois ou quatre leçons ordinaires au plus. On ne devait pas apprendre plus de dix à douze vers latins par jour (sage mesure s'il en fut jamais) et rarement de la prose latine (quoique ce fût bien utile pour retenir de bonnes expressions). Dans les deux derniers mois, il y avait en chaque classe un exercice littéraire (pour habituer les élèves à s'exprimer correctement en public, ce qui n'est pas leur qualité habituelle) : le directeur approuvait les programmes imprimés et les discours. Il devait rendre compte tous les mois de l'état de l'école ; chaque professeur lui remettait une fois par mois et tour à tour les compositions corrigées : il y avait une composition par semaine.

En 1806, la distribution des prix fut fixée au 1er septembre : le bureau consacra une somme de 200 francs à l'achat d'ouvrages. Auparavant, il y eut des exercices publics dans chaque classe, puis des examens de passage (qui à cette époque étaient pris au sérieux). Le bureau d'administration rappela au respect du règlement deux professeurs qui avaient refusé de faire des exercices publics. Comme le directeur Couturier n'avait pas assez d'autorité sur les professeurs pour empêcher certaines dissensions, certaines plaintes fort nuisibles au bon ordre, le bureau décida que toute réclamation lui serait désormais remise par écrit ; que les élèves n'iraient plus dans le jardin commun aux maîtres, qu'ils ne sauteraient point une classe sans l'avis du professeur ; les compositions faites pour les prix furent annulées, d'autres sujets donnés par le directeur de concert avec les maîtres. Chaque professeur, avec trois membres du bureau, examina les compositions d'un collègue. Défense fut faite aux professeurs d'avoir chez eux des élèves pensionnaires sans leur faire suivre les cours ; deux membres du bureau vérifièrent désormais la force des élèves qui voulaient entrer en sixième, et exigèrent d'eux la connaissance des premiers éléments de la grammaire latine.

La haine de *l'idéologie*, comme disait le maître, faisait restreindre l'enseignement de la façon la plus étroite. Pendant quarante années, les bourgeois se contentèrent de répéter avec Joubert : « Je veux que mon fils sache beaucoup de latin. » Nos bons Graylois, effrayés par la Révolution, ne demandaient que des programmes capables de former des jeunes gens dociles et soumis. M. Couturier n'avait pas l'autorité nécessaire pour recommander de hardies innovations.

Lorsque Napoléon réorganisa l'Université par ses décrets de 1808, 1809 et 1811, l'école secondaire fut érigée en collège communal : c'est à peine si ce changement fut remarqué. L'Université et la Ville elle-même négligèrent de faire valoir leurs prétentions à la propriété du bâtiment, ce qui donna lieu plus tard à un procès.

De nouvelles mesures furent prises pour satisfaire au règlement. Comme à Vesoul, à Dole, à Luxeuil, il y eut au collège une messe quotidienne à laquelle le bureau d'administration invitait les professeurs très instamment. Cette messe était sonnée cinq minutes avant la sortie des classes.

Toutes les femmes qui habitaient le collège durent le quitter, et un pensionnat fut établi. Néanmoins les professeurs étaient encore logés. Le prix du pensionnat fut fixé à 400 fr. plus un vingtième du prix payé pour la rétribution. Le maître de pension ne devait fournir que la nourriture et le chauffage. Les externes payaient 5 fr. par trimestre et un vingtième de cette somme était remise au directeur pour être versée dans la caisse de l'Université.

La ville devait fournir trois quarts de bourse pour un élève choisi au concours, qui ferait ses études au lycée de Besançon. Quant au principal, il fut soumis aux obligations ordinaires imposées à tous ses collègues par les règlements de l'Université.

Le 3 février 1811, M. Vannier remplaça M. Couturier comme principal. Ce M. Vannier (1), homme de mérite, professeur distingué, fit faire aux bons élèves de son collège de fortes études mathématiques qui firent remarquer l'établissement, d'où sortirent des jeunes gens fort distingués, comme le futur maréchal Pélissier. Élève libre, forcé par son père de se préparer à l'Ecole Polytechnique et non à Saint-Cyr, celui-ci ne quittait jamais ses livres avant minuit, et les reprenait à cinq heures du matin. Pour complaire à M. Vannier, il fit l'intérim de quelques professeurs empêchés. Narrateur agréable, esprit sérieux et orné, il était fort écouté de ses condisciples et leur parlait des nouvelles que donnait alors *le journal*

____

(1) M. Vannier avait été à l'Ecole Polytechnique.

de l'Empire. En 1839, Pélissier, alors chef d'escadron du général Reille, visita le collège et remarqua l'inscription du cadran solaire de la cour d'honneur (1). Plus tard encore, il aimait à se rappeler ses souvenirs d'adolescent.

Cependant le nombre des élèves de l'enseignement classique n'était pas assez élevé. Les inspecteurs Répécaud et Berthod donnèrent avis aux professeurs libres de latinité d'avoir à cesser leurs cours : une fâcheuse concurrence fut ainsi écartée pour l'avenir. En outre les chaires de l'enseignement classique furent complétées par la création d'une classe élémentaire dans laquelle on étudiait les éléments du latin jusqu'à la syntaxe des verbes, la grammaire française de Lhomond, jusqu'aux participes ; dans la seconde classe on voyait la syntaxe jusqu'au pronom, et le reste de la grammaire française (2).

Le recteur, M. Ordinaire, félicitait le Maire de son zèle pour le collège. « Les renseignements que je reçois sur le collège de Gray m'annoncent qu'il marche à grands pas vers son entier rétablissement. C'est à votre zèle, c'est à l'intérêt éclairé dont vous donnez constamment des preuves qu'il devra en très grande partie ses succès postérieurs. Pour en faciliter le développement, j'ai pris des mesures qui, si elles sont adoptées par l'autorité supérieure, vous prouveront le cas particulier que je

-----

(1) *Sol volat, hora fugit ;* puis : *felices pueri, si discant temporis usum ;* enfin : *sementis præsens tempus.*

(2) Les élèves des cours de dessin payèrent 1 fr. 50 par mois ; ceux des classes élémentaires 48 fr. par an, ce qui permit d'avoir un nouveau maître, qui touchait 900 francs.

fais de vos vues et de vos lumières. En attendant je vous demande en faveur d'un établissement qui doit devenir très important pour la ville de Gray, la continuation de vos soins paternels : vos administrés sentiront avant peu tout le prix du service que sous ce rapport vous leur aurez rendu. M. le Principal se loue infiniment de l'appui qu'il n'a cessé de trouver en vous : c'est un homme d'un talent distingué et digne de confiance etc. » (27 octobre 1811, Archives de Gray, K). »

A cette époque l'aumônier était logé au parloir actuel, les professeurs au second et au troisième étage, avec vue sur la seconde cour ; le grand jardin, que posséda quelque temps la sénatorerie de Besançon, avait été donné au pensionnat pour servir de préau ; par suite de dissentiments, le jardin ne devait plus être divisé entre les professeurs.

S'il faut en croire les mémoires du professeur Sugier, les études classiques n'étaient pas fortes : « Le collège, dit-il, était alors tenu Dieu sait comme ! »

En 1813, le collège compte 8 pensionnaires, 4 demi-pensionnaires, 59 externes gratuits : total, 79 élèves. La rhétorique et la deuxième d'humanités avaient dix élèves, la première d'humanités 12, la deuxième de grammaire 15, la première de grammaire 16, la deuxième et la première élémentaires 18, la deuxième et la première de mathématiques 17. Plusieurs élèves des cours de latinité suivaient aussi les cours de mathématiques.

Les 8 pensionnaires payaient 420 francs chacun ; total, 3.360 ; les 4 demi-pensionnaires 210 francs : total, 840 ; le blanchissage était payé 25 francs par an : total, 200, et total général des recettes, 4.400 francs.

Les fonctionnaires se partageaient une somme de 7.000 francs (200 pour l'aumônier, 1,400 pour le régent de rhétorique et seconde, 1.400 pour celui de première d'humanités, 1.000 pour celui de deuxième de grammaire, 1.000 pour celui de première, 800 pour celui de la classe élémentaire, 1.500 pour celui de mathématiques, 600 pour le maître de dessin).

Dans les frais divers on comprenait les gages du portier, 200 francs, les frais de la distribution des prix, 200 francs, l'entretien et la réparation des bâtiments, 1.000 francs.

Le maître d'étude était payé 500 francs, le domestique 200 ; la nourriture des pensionnaires, du maître et du domestique, coûtait 3.800 francs ; le chauffage, l'éclairage, 950. Le total général des dépenses était de 9.000 francs ; et le pensionnat était au compte du principal.

C'est encore à cette époque qu'une salle d'étude fut établie, sur la demande de l'inspecteur Répécaud, à l'usage des externes, « afin de maintenir l'uniformité qui doit avoir lieu pour l'instruction. » L'étude avait lieu de 11 à 12, et de 5 à 6 ; elle était facultative et coûtait 3 francs par mois. Cependant le bureau d'administration fit savoir que cette étude ne recevait pas plus de 14 élèves : les professeurs furent alors autorisés à donner des leçons dans leurs classes, de dix heures et demie à 12, de 4 et demie à 6 : le prix en fut fixé à 3 francs. C'était un avantage que ne dédaignaient point ces régents, dont le traitement était assez maigre (1).

Le collège était en voie de prospérité lorsqu'eut lieu l'invasion de 1814 ; il servit alors d'ambulance. Les classes furent fermées quelque temps. Les élèves durent être rappelés à l'ordre par le bureau d'administration peu après leur rentrée, parce qu'ils avaient pris dans les cafés des habitudes de dissipation et d'oisiveté, en fréquentant de mauvaises sociétés, qui tenaient des discours funestes dont pouvait résulter l'avilissement de leurs mœurs. L'année 1815 amena les mêmes misères : les alliés occupèrent encore le collège, y firent de nombreuses dégradations et détruisirent presque toutes les vitres des corridors. Les jeunes têtes des élèves s'exaltaient : le nommé Baudin, au commencement de 1816, avait osé écrire sur sa règle : *Vive l'Empereur !* Cette règle fut prise par un camarade, qui la passant à son voisin mit en émoi toute la classe. Le professeur de quatrième, M. Bel, fit un rapport au principal à propos de la règle séditieuse ; le principal, à son tour, fit un autre rapport au bureau d'administration à propos de cette règle séditieuse et perturbatrice. Le bureau, toutefois, ne crut pas nécessaire d'écrire au ministre au sujet de ce grave incident ; mais pour montrer d'une façon incontestable la pureté de ses opinions monarchiques, il décréta que le jeune Baudin serait exclu du collège.

----

(1) Sugier raconte qu'à cette époque tous les élèves souhaitaient ensemble la fête à leur professeur ; qu'à la distribution des prix, le 31 août 1813, sur un petit théâtre dressé dans la chapelle, les enfants récitaient une églogue dialoguée composée par lui : c'étaient encore les vieilles mœurs du XVIIIe siècle.

S'il faut en croire l'*Annuaire de la Haute-Saône*, le bâtiment du collège était en mauvais état et ne comptait que 70 élèves. « Les professeurs, dit l'Annuaire, rivalisent d'efforts pour attirer sur cet établissement la considération publique; mais leurs soins ne sont encouragés ni par la sollicitude des parents trop indifférents la plupart sur les progrès de leurs enfants, ni par les honoraires qui leur sont alloués, honoraires trop modiques, dans une ville de commerce où les objets de première nécessité sont à de très hauts prix.... Le pensionnat n'est point fréquenté.... On ne peut pas dire, du moins, que ce soit le manque de sollicitude et de talents dans le principal qui en est l'administrateur. » Il y avait donc moins d'élèves qu'en 1789, époque où l'on comptait 110 élèves environ avec 8 professeurs.

Cependant le principal Vannier fut remplacé par le professeur de rhétorique Samion, qui resta onze années en fonctions. Pendant cette longue période, il n'y eut pas une seule amélioration notable dans l'administration du collège. Les dépenses diminuèrent même un peu : ainsi, en 1811, le principal, professeur de mathématiques, touchait 1.700 francs, le professeur de rhétorique 1.500, celui de la première classe d'humanités 1.100, celui de la deuxième de grammaire (3ᵉ et 4ᵉ) 1.000, celui de la première de grammaire (5ᵉ et 6ᵉ) 900, celui de dessin 600, l'aumônier 300, le portier 200; et deux cents francs étaient consacrés aux prix. Le total des dépenses était de 7.500 francs. En 1818 le principal, régent de rhétorique et seconde, touchait 1.200 francs, celui de troisième

1.200, ceux de quatrième, cinquième et sixième, de mathématiques, chacun 1.000, l'aumônier 300, le portier 200; il y avait 200 francs pour acheter des prix et 50 pour les frais du bureau d'administration et le chauffage de la bibliothèque. Huit cents francs étaient consacrés à l'entretien des bâtiments. L'année suivante, la Ville, écrasée par une dette de 75.000 francs, demandait la suppression des trois quarts de bourse payés au collège royal de Besançon, parce que « les parents pauvres ne pouvaient suffire au reste de la dépense, et que cet avantage tournait au profit des familles fortunées. » C'est que depuis 1815 il y avait une réaction contre l'Université impériale, soupçonnée de n'être pas assez dévouée au roi ainsi qu'à la religion.

C'est seulement à partir de 1822 que l'on prit des mesures plus libérales. Le bureau d'administration réclama (mais inutilement) un professeur de philosophie et un de langues vivantes; il voulait que le collège fût de plein exercice. Le bureau rédigeait, le 1er août 1822, un nouveau règlement. D'après l'article 2, le principal devait être choisi parmi les professeurs des plus hautes classes ; il n'y aurait plus de classes géminées au-dessus de la cinquième, pour que l'enseignement fût plus profitable ; les élèves nouveaux devraient produire un certificat de vaccine et subir un examen avant d'entrer en sixième. Le bureau exigeait des engagements écrits de la part des répondants ou correspondants. On admettait dans la haute classe des élèves bacheliers qui voudraient fortifier leur instruction. Les heures de classe étaient : de 9 à 11, de 2 à 4, puis de Pâques à septembre, de 8 à 10, de 3 à 7.

La fréquentation des sacrements était obligatoire au moins une fois par mois. On exigeait une grande régularité de conduite hors des classes. L'aumônier faisait, le premier jeudi de décembre, une courte instruction en présence du bureau, pour « graver dans les cœurs le respect à la religion, la fidélité au roi, l'obéissance à la charte et aux lois du royaume, la révérence aux autorités et la nécessité du bon emploi du temps. »

Cependant le bureau ne faisait pas beaucoup de dépenses pour le collège et se contentait d'ordonner des réparations urgentes ; il laissait toujours les professeurs dans la même situation. Il supprimait même la classe élémentaire, et le recteur Ordinaire en réclamait le rétablissement (1823) à cause de la diminution du nombre des élèves. En 1824 le conseil municipal réclamait la suppression de la chaire de philosophie, dont le régent n'avait que 2 ou 3 élèves au plus; mais en même temps on émettait le vœu que le professeur de la classe élémentaire, Claude-François Vial, eût un traitement fixe au lieu de la rétribution mensuelle de 3 francs que lui payait chacun de ses quinze élèves.

Toutes ces petites mesures n'étaient pas suffisantes pour relever le collège. C'est que le bureau d'administration se contentait de maintenir les choses en état, et se réservait pour l'avenir. M. Samion avait eu plus d'une fois des dissentiments avec les professeurs : il n'avait jamais su prendre sur eux une assez grande autorité. Dès 1816 il avait refusé, malgré de vives instances, de partager les jardins entre les professeurs ; il avait seulement laissé à trois d'entre eux la jouissance de sa part dans le petit jardin et dans les deux terrains à droite et à gauche du grand escalier, l'un en verger, l'autre en jardin. Quelques années plus tard, il y eut des discussions entre les femmes de ces professeurs casernés au collège ; toutes ces misères étaient parfaitement connues dans la petite ville de Gray, qui a toujours aimé les médisances, et la renommée de l'établissement en souffrait beaucoup. On savait que le principal était d'un caractère faible ; on répétait qu'il n'avait pas de nerf et que la marche de l'établissement n'avait pas d'ensemble. Enfin, le bureau d'administration réclama un ecclésiastique à la tête du collège ; il rendait d'ailleurs hommage aux bonnes intentions de M. Samion, à son talent, comme professeur et administrateur, affirmait qu'il avait donné l'exemple de toutes les vertus sociales et privées, qu'il avait maintenu la discipline parmi les élèves, l'union entre les professeurs (!) et donné l'exemple de sentiments religieux et d'attachement à la dynastie des Bourbons. De son côté le vicaire Meynier faisait l'éloge de la douceur du principal et de son zèle pour le seconder. On sait qu'alors la religion et l'amour du souverain étaient la partie essentielle des leçons que faisait donner un principal quand il voulait rester principal. Tels étaient les éloges que le bureau d'administration donnait à M. Samion pour le renvoyer selon les formes (20 octobre 1825). Le conseil municipal (1er mai 1826) constatait avec mélancolie l'état du collège, qui était dans un délabrement tel qu'il ne faudrait pas moins de 12.000 fr. pour le réparer comme il

convient ; il faisait entendre de justes doléances
sur l'état de décadence où était tombé l'établissement, qui pouvait devenir bientôt totalement désert
si l'on ne s'empressait de lui donner une organisation nouvelle : ceci jure singulièrement avec les
éloges prodigués par le bureau à M. Samion. Le
Conseil rappelait que M. le recteur avait promis un
prêtre pour principal, avec un personnel composé
de célibataires ou de veufs sans enfants (pour éviter
les querelles de femmes). Il votait 12.000 francs
pour les réparations à faire en 3 ans.

Au fond, le bureau et le Conseil étaient parfaitement d'accord. Le recteur sut les satisfaire en
leur proposant pour principal M. l'abbé Lalanne,
qui avait alors trente ans et était directeur d'un
séminaire. Celui-ci réclamait carte blanche et promettait de relever l'établissement.

CHAPITRE II

*Première période de prospérité (1826-1846).
— Principalat de M. l'abbé Lalanne (1826-
1830) ; son excellent plan d'études relève le
collège. — Conséquences de la révolution de
1830 pour l'établissement ; M. Rénoir, principal (1830-1832), est bientôt forcé de démis-
sionner. — M. Charpy le remplace (1832-
1836) ; legs Beuchey (1833) et création d'une
seconde chaire de mathématiques. — M. le
principal Courlet (1836-1846); la ville veut
que l'établissement soit érigé en collège royal
(1837), mais elle perd un long procès avec
l'Etat au sujet de la propriété des bâtiments
(1843-1847).*

ᴇs habitants de Gray attendaient avec im-
patience l'arrivée du nouveau principal,
qui devait ranimer leur collège, tombé
depuis quelque temps dans un état de
langueur et de décadence qui chagrinait tous les
amis de la science. Le conseil municipal, ayant

3

donné carte blanche à M. Lalanne, lui avait formellement promis d'interdire les petits internats que certaines personnes tenaient à Gray au détriment du collège, et approuvait d'avance toutes les mesures qu'il faudrait prendre pour relever cet établissement.

Le 20 septembre 1826, avant la rentrée, le conseil municipal entendait M. l'abbé Lalanne exposer les besoins du collège, les siens propres, et approuvait le règlement suivant, divisé en vingt-deux articles.

1 : Il y aura une chaire pour toutes les classes, en ce qui concerne les éléments de la langue latine ; la langue grecque est comprise dans le cours d'enseignement des classes, ainsi que l'histoire et la géographie ; — 2 : Dans les classes préparatoires et élémentaires, il sera fait des cours particuliers de grammaire, d'orthographe française et d'écriture ; — 3 : On enseignera les mathématiques dès la seconde année d'humanités; mais, depuis la cinquième, les élèves recevront des leçons d'arithmétique pratique, hors des classes du latin ; — 4 : Les élèves qui manqueraient de moyens ou de temps pour finir leurs classes, recevront dans le dernier semestre de la troisième, quelques leçons qui les disposeront aux opérations commerciales ; — 5 : Le collège sera partagé en deux sections, selon l'âge et le degré d'avancement des élèves; cette division s'étend à tous les exercices ; elle a lieu constamment pour les récréations, les promenades et le dortoir ; — 6 : Des notes journalières de toutes les classes seront remises au principal ; et trois fois l'année des bulletins de conduite seront envoyés aux parents ; — 7 : Les

élèves seront admis en pension entière, demi-pension et comme externes ; pour qu'ils soient admis dans les classes préparatoires, il faut qu'ils sachent lire couramment et écrire sous la dictée ; — 8 : On ne recevra comme externes et demi-pensionnaires que des enfants dont les pères et mères seront domiciliés dans la ville de Gray et ceux qui seront confiés à des habitants qui seront leurs parens jusqu'au degré d'oncles ou de tantes, inclusivement ; — 9 : Si les élèves proposés ont fréquenté précédemment quelqu'autre maison d'éducation, ils seront nécessairement munis d'un certificat qui attestera la bonne conduite qu'ils y auront tenue ; — 10 : Les externes et les demi-pensionnaires demeureront également toute la journée au collège, avec cette seule différence que les externes en sortiront de midi à une heure pour aller dîner chez leurs parents ; ils entreront avant huit heures au collège et en sortiront de sept à huit heures du soir ; des règlements particuliers maintiendront l'ordre dans leur entrée et sortie, ainsi que la surveillance de leurs rapports avec le dehors et le dedans du collège ; — 11 : Divers exercices importans pour l'éducation se feront le jeudi et le dimanche et les élèves externes et demi-pensionnaires seront admis ces jours-là au collège, et ils ne devront pas manquer à s'y rendre, à moins qu'ils n'aient obtenu la permission de s'absenter sur la demande de leurs parens au principal ; demande qu'ils sont invités à faire rare-ment. Du reste les premiers et troisièmes di-manches de chaque mois tous les élèves auront la faculté d'aller dîner chez leurs parens ; ils sortiront vers midi et rentreront avant trois heures pour les offices; — 12 : Tous les jeudis et quelquefois le mardi soir, tous les élèves seront menés à la promenade : ils pourront s'y occuper, dans la belle saison, des sciences naturelles, telles que l'entomologie, la botanique et la minéralogie; il leur sera donné quelques leçons pour les diriger dans cette intéressante étude (1); — 13 : Les élèves auront la même nourriture que le principal et les professeurs internes qui mangeront dans la même salle et surveilleront la tenue des enfans à table; — 14 : Un professeur couchera dans chaque dortoir pour y maintenir l'ordre le plus exact; — 15 : Les récréations seront communes à toutes personnes attachées à l'enseignement qui demeurent dans la même maison; chaque cour sera présidée par un surveillant d'office; — 16 : Le caractère personnel du principal, qui est un prêtre, dispense de parler des soins qui seront donnés à l'éducation religieuse; — 17 : On ne pourra voir les élèves pensionnaires que pendant la récréation; le principal recevra les parens tous les jours, excepté le jeudi, de dix heures à midi; — 18 : Le prix de la pension sera de quatre cents francs; celui de la demi-pension, de deux cents francs. Dans ce prix ne sont pas compris les droits universitaires qui sont de vingt francs pour tout élève. Les externes paieront dix francs pour la salle d'étude, en sus du droit universitaire; cepen-

---

(1) M. Lalanne était un entomologiste de grande valeur. Après la classe, il parlait aux élèves, leur montrait de la bonté, de la prévenance, afin d'éveiller en eux le goût des sciences.

dant, sur l'attestation et la demande de **M.** le maire, on pourra dispenser du payement des dix francs les élèves appartenant à des parens peu fortunés (1). La maison ne fournit le papier, les plumes et l'encre qu'aux pensionnaires, moyennant dix francs par an. Les élèves externes et les demi-pensionnaires trouveront pour leur commodité un dépôt de ces objets chez le portier du collège. On se chargera du blanchissage et du ravaudage du linge pour vingt francs. Le lit en entier sera fourni par la maison moyennant un loyer de vingt francs par an. Les arts d'agrément, comme dessin, musique et danse seront au compte des parens ainsi que les frais de maladie; — 19 : Les élèves trouveront au collège tous les livres classiques; les parens pourront les en munir s'ils le trouvent plus convenable. Dans le premier cas, c'est-à-dire s'ils les prennent à la maison, les livres seront payés comptant ou portés sur le bordereau; — 20 : L'année classique commence le cinq novembre et finit du dix au quinze septembre : on ne gardera point d'élèves pendant les vacances, à moins qu'ils ne soient d'un pays trop éloigné. Dans ce cas, les parens ajouteront cinquante francs au prix de la pension; — 21 : La pension sera payée à trois époques, savoir : cent cinquante francs en entrant, plus les droits universitaires; deux cents francs à Pâques et cinquante francs à l'Assomption avec tous les frais en sus du prix de la

____

(1) Cette importante nouveauté, qu'inspiraient à **M.** Lalanne les règlements des collèges ecclésiastiques, assurait l'unité de discipline et d'enseignement.

pension ; la demi-pension se fera à deux époques ; cent francs en entrant et le droit universitaire ; cent francs à Pâques et les frais ; les externes payeront les trente francs en entrant. Il n'y aura de remise, en cas d'absence ou de renvoi, que pour le prix strict de la pension et de la demi-pension, à raison de quarante-cinq francs par mois ou de vingt francs ; — 22 : Le trousseau n'est pas fixé, attendu que les mères de famille savent bien ce qu'il faut pour l'entretien d'un enfant.

Par cet excellent règlement, M. l'abbé Lalanne prenait donc des mesures pour satisfaire les parents qui voulaient pour leur fils une certaine connaissance de l'arithmétique et des opérations commerciales ; plusieurs articles tendent à relever la discipline et à perfectionner l'éducation morale et religieuse ; les sciences naturelles sont encouragées par le principal, qui était un entomologiste distingué (1). Bref, le plus sévère pédagogue ne peut rien critiquer dans cet excellent plan d'études.

D'autres réformes importantes furent faites. Le nombre des maîtres fut augmenté : la ville donna 1.200 francs pour le traitement d'un régent de philosophie ; de son côté le principal abandonna 300 francs du sien à un vicaire qui eut les fonctions d'aumônier. La bibliothèque publique du collège fut ouverte à tous, les jeudis et les dimanches et confiée aux soins de cet aumônier. Le professeur de physique, pour montrer du zèle et

----

(1) Voir sa notice à la fin de cette étude. En 1825, 70 élèves ; en 1827 115, en 1829 163.

de la bonne volonté, fit pendant la belle saison
des cours publics de physique expérimentale. Deux
maîtres d'études, devenus nécessaires à cause de
l'augmentation du nombre des élèves, furent chargés de faire fonctions de professeurs de septième
et huitième; c'étaient deux chaires nouvelles. Le
professeur de mathématiques eut son traitement
porté par la ville à 1.000 francs, à charge de
donner un cours gratuit de mathématiques dans
l'école de dessin linéaire créée par le conseil
municipal. Tout le personnel des professeurs de
lettres fut renouvelé.

En même temps d'importantes constructions
étaient faites. Le principal, se louant de la bienveillance et de la générosité de **M.** le Maire
Alexandre Garnier, disait que « les habitants de
Gray devaient à cet administrateur la restauration
du collège autant qu'à celui qui en a surveillé les
opérations. » Celui-ci, c'était le principal lui-
même, qui avait réclamé et obtenu qu'on lui laissât
diriger les travaux. L'ameublement était renouvelé,
on construisait un dortoir et une salle d'étude ; en
quatre années la ville fournit 26.000 francs pour
réparations de tout genre. De grands arbres qui
rendaient le préau trop humide furent alors abat-
tus.

Aussi le collège fut-il au bout de quelques mois
sur un excellent pied. M. Lalanne montra des
qualités extraordinaires dans ces circonstances :
c'était un méridional ardent, d'un esprit très vif,
d'un caractère prompt et décidé. Son seul défaut
grave, c'était de se laisser entraîner trop souvent
par une première impression ; mais son intelli-

gence lui permettait de réparer promptement ses fautes. On le vit plus tard, âgé de 70 ans, à la tête de ce collège Stanislas qui marche de pair avec les meilleurs lycées de Paris, montrer la même activité que dans sa jeunesse (1). Il ne se réservait alors qu'un jour et demi par semaine pour ses travaux particuliers, et, s'il était forcé de s'absenter, il prenait si bien ses mesures que les affaires de la maison ne pouvaient en souffrir.

Soutenu par le bureau d'administration et le conseil municipal, qui lui laissaient toute liberté, M. l'abbé Lalanne savait mettre à profit l'influence que lui donnait son caractère de prêtre pour attirer bon nombre d'élèves ; il se faisait remarquer par son brillant talent de prédicateur et par d'excellentes conférences scientifiques ; il plaisait aux familles riches en organisant des cours de dessin obligatoires pour tous les élèves, ainsi qu'une étude où tous les externes devaient travailler moyennant une modique somme (c'est ce qu'on appelle aujourd'hui l'externat surveillé) ; il flattait aussi la vanité des parents, comme autrefois les Pères Jésuites, dont il s'inspirait, par la création de cours d'arts d'agrément et de certains exercices littéraires, dont l'apparat plaisait beaucoup aux invités, qui voyaient leurs chers enfants débiter en public des morceaux de prose ou de poésie. Sans négliger d'obtenir des résultats solides, le bon abbé Lalanne savait faire ressortir aux yeux du gros public, par ces moyens un peu vulgaires,

______

(1) Il dut ce poste éminent à la protection de M. François Perron, un de ses anciens collaborateurs.

l'excellence de l'instruction donnée dans son collège. Aussi, dès 1827, y voyait-on 111 élèves au lieu de 70 qui s'y trouvaient dix ans auparavant (1).

Le bureau d'administration applaudissait à ces résultats et accordait au principal tout ce qu'il réclamait, comme le droit de corriger les compositions à l'exclusion des membres du bureau, le droit de choisir les prix, qui étaient au choix des professeurs jusqu'alors ; les maîtres mariés avaient dû aussi quitter le collège.

Cependant l'abbé Lalanne, sur l'ordre de ses supérieurs (car il était de la Société des Maristes), allait fonder le collège de Sainte-Marie à Saint-Remy : pendant plusieurs de ses voyages, il se fit suppléer dans la chaire de rhétorique par le professeur Paraingaux, qui faisait fonctions de sous-principal et était assisté du préfet de surveillance Mulhaupt, de deux maîtres d'études et d'un surnuméraire pour les premiers éléments, enseignés à des enfants qui savaient à peine lire et écrire. Comme le principal revenait de temps en temps dans son collège, la prospérité de l'établissement se maintenait (1829-1830). Mais, peu avant la Révolution de 1830 (29 juin), l'abbé Lalanne démissionnait pour obéir aux ordres de ses supérieurs, qui lui réservaient un autre poste. Le bureau hésitait à le remplacer par le professeur Paraingaux, et regrettait de perdre « un administrateur aussi sage et de talents aussi éminents, un homme enfin à qui

____

(1) 1829-1830 : philosophie 2, rhétorique 3, seconde 4, troisième 12, quatrième 17, cinquième 18, sixième 22, septième 14, huitième 31 ; total : 133 (dont 33 pensionnaires).

le collège devait son éclat et dont la mémoire resterait longtemps encore dans le cœur des élèves et chez tous les habitants de Gray. »

M. Lalanne étant parti, M. Paraingaux fit fonctions de principal provisoirement : alors on vit renaître les vieux abus. Des élèves furent mis en pension chez des personnes de la ville, ce qui diminuait l'importance de l'internat : Lalanne avait été autorisé à refuser l'entrée de son établissement aux élèves ainsi placés en ville.

Dans un temps où les passions politiques divisaient fort les Graylois, on nomme principal un professeur de sciences mathématiques qui avait enseigné à Gray et occupait une chaire à Belfort : il arrivait donc dans des circonstances difficiles.

Le 1er décembre 1830, le recteur, « M. Bertaut, » envoie au maire la nomination de M. Renoir, sur le vœu exprimé par les conseillers et les notables. Certains de ceux-ci craignaient de sa part trop de parcimonie à l'égard des pensionnaires. Le recteur désire, dit-il, que M. Renoir connaisse ces craintes, pour qu'il agisse de manière à les faire cesser promptement. Le maire répond aussitôt qu'il y a tout lieu de croire que ces appréhensions ne se réaliseraient pas.

Fort apprécié comme professeur de mathématiques et comme géologue, M. Renoir ne satisfit pas les espérances des Graylois : il manquait de tact et de prudence, il déplaisait à certaines familles riches par son libéralisme très accentué, de telle sorte que, dès la première année de son principalat, le nombre des élèves subit une diminution assez notable.

Le conseil royal de l'instruction publique réta-
blissait alors l'usage du tambour pour régler les
divers mouvements de la journée dans l'intérieur
des collèges : les familles légitimistes protestèrent
sans doute contre le retour de ce vieux système de
l'Empereur, qui avait fait des lycées de véritables
casernes. La suppression du professeur de philosophie avait été une mesure fâcheuse ; on supprima
l'aumônier, c'est-à-dire l'instruction religieuse.
Aussitôt des mères de familles se plaignirent, et
réclamèrent pour leurs enfants le maintien de
l'aumônier. Le conseil municipal tolérait que
plusieurs élèves fussent mis en pension chez
diverses personnes de la ville : le principal ne
pouvait lutter avec avantage contre cette concurrence, car ces particuliers n'avaient pas à payer
des maîtres d'études, des domestiques spéciaux, ni
à faire les frais d'éclairage et de chauffage d'une
étude : aussi le nombre des pensionnaires, qui
était de 33 en 1830, n'était-il plus que de 7 en
1832. Les externes ne furent plus astreints à suivre
toutes les études et le cours de dessin depuis la
sixième : leur travail fut donc moins surveillé,
moins régulier. M. Rénoir, dans une lettre au
bureau d'administration, demanda vainement (1er
octobre 1831) le maintien de l'aumônier et du
professeur de philosophie : « Il n'y a que deux
élèves en philosophie, disait-il; mais une lacune
d'un moment, à laquelle toute classe supérieure
est toujours exposée, ne doit point entraîner la
suppression d'un cours important dans un ensei-

gnement public (1) : la rhétorique compte d'ailleurs plusieurs élèves, qui passeront l'an prochain en philosophie. Qu'au moins on crée une chaire spéciale de physique et chimie, dont le besoin se fait chaque jour sentir davantage, etc. » M. Rénoir réclamait 150 francs et non 25 francs seulement pour ses frais de bureau (2).

Le bureau d'administration ne tint pas compte des réclamations du principal. Pour comble de malheur, celui-ci fut calomnié par des personnes de la ville ; il eut des rapports de plus en plus difficiles avec certains professeurs, jaloux de sa position ; M. Rénoir, quoique homme de mérite, ne sut pas imposer à ses anciens collègues le respect de son autorité : bientôt la situation devint intolérable, et il démissionna, envoyant une lettre amère, dans laquelle il se plaignait de ces délations de toute nature, faites par des personnes dont il devait attendre de tout autres procédés ; il parlait aussi des amours-propres froissés, des intérêts particuliers compromis, rappelait que le ministre avait refusé à lui et au recteur le déplacement de deux régents, celui de cinquième, M. Lépagney, et celui de rhétorique, M. Paraingaux, qui avaient donné lieu à des plaintes très graves. M. Rénoir

---

(1) En 1883, le même cas s'est représenté, amenant des discussions analogues au conseil municipal.

(2) En 1830-1831 il y avait 114 élèves dont 8 pensionnaires ; en 1831-1832 100, dont 4 pensionnaires. Il n'y avait plus de classe de philosophie ni de classe de huitième et l'on n'admettait plus d'élèves de moins de neuf ans, parce qu' « ils perdaient au collège plus qu'ils ne pouvaient y gagner. »

voulait d'ailleurs conserver ses anciennes fonctions
de régent de mathématiques au collège. « On ne
me poursuivra pas, écrivait-il, dans mes fonctions
de régent ; car je me plais à croire que ce n'est
pas à moi personnellement qu'on en veut (1) ».
(6 janvier 1832).

Le Conseil municipal et le bureau d'administration durent bientôt unir leurs efforts pour le
relèvement du collège. M. l'avocat Bridan fit au
nom du bureau un rapport magistral, véritable
modèle du genre pour sa concision, sa clarté, sa
modération et son impartialité. Après avoir rap-
pelé sommairement ce qu'avait été le collège de
Gray sous MM. Samion et Lalanne, il énonçait
brièvement les causes de la décadence actuelle,
sans hésiter à faire l'aveu des fautes du Bureau et
du Conseil municipal. Ce dernier ayant supprimé
la chaire de philosophie, le titulaire de cette
chaire, qui exerçait les fonctions d'aumônier, avait
pris les devants et quitté le collège. Cet aumônier
était un ecclésiastique de mérite. « Au milieu des
événements qui se sont passés, dit M. Bridan,
jamais aucune plainte, aucun soupçon ne s'est
élevé contre lui ; il est resté étranger aux dissensions existant entre les autres membres de l'établissement et vivait en bonne intelligence avec le
principal. » M. Bridan constatait que la chaire de
rhétorique était vacante, que le nombre des pensionnaires était réduit à quatre, que la salle

---

(1) M. Rénoir reprit ses fonctions de professeur, mais
dans l'important collège de Belfort. Voir sa notice biographique. Les convenances ne me permettent point d'insister
sur ses chagrins domestiques.

d'étude, n'étant plus obligatoire, était peu fréquentée, qu'on manquait d'un bon surveillant, et que plusieurs parents avaient envoyé leurs enfants ailleurs. Avec la force de logique qui l'a toujours caractérisé, le rapporteur de la commission insistait sur la nécessité de remonter le pensionnat, et de ramener sur l'établissement en général « cette confiance sans laquelle il ne saurait se soutenir. » Il fallait donc réorganiser le personnel, appeler à sa tête un principal qui sût se faire aimer et respecter, un laïque marié, dont la femme demeurerait au collège ; mais ne pas le prendre parmi les professeurs en fonctions, afin d'éviter les compétitions et les jalousies ; il fallait réorganiser l'instruction, rétablir la chaire de philosophie, pour permettre aux élèves de se présenter au baccalauréat. M. Bridan, dont les sentiments libéraux et républicains sont restés invariables, réclamait la gratuité de l'enseignement au collège pour les enfants pauvres et méritants de la ville (1). « Ouvrez-leur, disait-il, la porte des emplois brillants auxquels ils seront d'autant plus propres qu'ils auront mieux senti que d'autres la nécessité de s'instruire. Sans cela vous vous exposez à laisser enfouis peut-être de grands talents. » A l'objection, que les pauvres ne peuvent faire des médecins et des avocats, M. Bridan répond qu'il ne faut pas refuser l'instruction à une classe (car à cette époque chaque classe sociale n'avait pas à choisir un ordre spécial d'enseignement) ; il demande

_____

(1) Voir dans l'Histoire de l'Ancien Collège de Gray le Chapitre III, les traités avec Moyne et l'abbé de Corneux.

qu'on offre à chacun les mêmes avantages sans
distinction, « tous les français étant admissibles
aux emplois civils ou autres. » Mais il demande,
par économie, que le professeur de philosophie soit
en même temps aumônier. « L'instruction religieuse, dit-il, est une des bases de l'éducation. Ce
n'est pas assez de faire des savants, il faut en outre
faire des citoyens probes, honnêtes, des hommes
vertueux : de là, la nécessité d'inculquer aux
élèves les principes d'une saine morale ; et personne ne contestera que ceux de la religion chrétienne en soient la source la plus pure. Sans doute
on a commis souvent des abus au nom de cette
religion ; ces abus ne sont point venus d'elle ; ses
principes au contraire les condamnaient ; mais ils
partaient d'hommes qui l'entendaient mal, ou
voulaient la faire servir à leur passion. Eh bien,
Messieurs, les abus, il faut tâcher d'empêcher
qu'ils se renouvellent, il faut réprimer ceux qui
auraient lieu : mais sachons conserver ce qui est
bien, et n'enlevons pas à la jeunesse le moyen le
plus puissant que nous ayons de la conduire à bon
port, etc. » A l'objection : tous les cultes sont
libres ; M. Bridan répond qu'il faut donc donner à
chacun les moyens de suivre le sien, que les parents se plaignent, etc. Il demande que l'aumônier
soit chargé d'enseigner l'histoire ou la cosmographie, toujours trop négligées dans nos collèges (1).

____

(1) M. Rénoir aurait voulu faire enseigner l'histoire, la
cosmographie, la chimie, la géographie physique. La commission du conseil, composée de MM. Bridan, Mugnier, Ga-
baud, Revon, Voilliard, Angelot, ne trancha point la question et soutint avec le conseil que la chaire de philosophie
ne serait pas conservée s'il n'y avait au moins 5 élèves.

Ces conclusions furent adoptées d'un avis unanime, et le Bureau s'occupa aussi de réparations urgentes et de l'état du cabinet de physique.

L'aumônier fut maintenu, quoiqu'au rapport d'un membre du Conseil les légitimistes Graylois aient dit que la révolution de Juillet allait bannir tout enseignement religieux. « Quoi qu'on en dise, répétait M. Bridan, un collège ne marche jamais bien sans instruction religieuse. Les mères de famille veulent la messe et un confesseur pour leurs enfants, et les mères de famille ne sont pas sans influence, les jésuites le savent bien. » Cependant le bureau d'administration ne jugea pas à propos de lui confier, comme le demandait M. Bridan, l'enseignement de l'histoire et de la géographie aux élèves des trois classes supérieures.

Le Conseil municipal reprochait à M. Rénoir de s'être montré trop avide de gain ; la rumeur publique l'accusait même d'avoir coupé des arbres du préau pour chauffer ses classes, à l'instigation d'une personne qui avait trop de pouvoir sur ce principal trop faible (*uxorius*) (1). Aussi le Conseil demandait à M. le recteur Bertaut un administrateur expérimenté, capable de faire le cours de philosophie, et dont le désintéressement fût notoire. M. Bertaut parvint à dénicher cet oiseau rare, mais dont l'espèce n'est point perdue, n'en déplaise aux mauvaises langues. Il écrivit qu'il connaissait personnellement M. Charpy, principal

(1) Le conseil fut d'avis (2 avril 1832) qu'il ne fallait pas donner trop de publicité à ces allégations, que M. Rénoir avait emporté des objets appartenant à la ville, et décida que cette affaire ne serait point suivie.

à Saint-Amour, qui comptait vingt ans de services.
« Son bon esprit, son zèle, ses talents distingués
pour l'enseignement, sa conduite morale, ses opinions politiques, j'ajouterai même son caractère
heureux et qui se ressent de la bonne éducation
première qu'il a reçue, me le font regarder, disait
M. Bertaut, comme un des hommes les plus
propres à bien diriger un collège…. Je ne puis
trop louer le désintéressement de M. Charpy, qui,
placé à la tête d'un collège très faiblement doté,
n'a pas hésité de faire à la prospérité de cet établissement le sacrifice d'une partie de ses traitements et de vivre, en presque totalité, sur ses
propres revenus. »

Un pareil trait mérite bien de passer à la posté-
rité la plus reculée.

Le ministre, de son côté, écrivit qu'il faudrait
trouver un traitement au moins provisoire à M.
Charpy jusqu'à ce que M. Paraingaux fût placé
ailleurs. Celui-ci déplaisait encore plus que
M. Rénoir à cause de ses opinions, et demandait
vainement à être entendu par le Conseil municipal.

Maître Bolomier, notaire certificateur à Saint-
Amour, écrivait à M⁰ Cornet qu'on verrait partir à
regret M. Charpy dont les opinions étaient « con-
formes aux principes qui se fondent sur la légalité », qui vivait retiré dans son établissement, ne
s'était pas mêlé aux discussions politiques de ce
petit pays, « dont les habitants sont naturellement
assez flâneurs et aiment à discuter en public les
intérêts de tous les temps et de tous les peuples. »
Son père était un ancien officier, chevalier de

4

Saint-Louis ; les parents de sa femme avaient une bonne réputation. M. Charpy avait des mœurs très régulières, était religieux « sans affectation ni bigoterie, bien dans son état, sans pédantisme, et bon professeur. »

Ce principal vint prendre possession de son poste ; mais il y resta quatre années à peine (1).

C'est en 1833 qu'Alexis Beuchey, décédé à la Grande-Résie, légua ses biens à la Ville, sous la condition qu'on en consacrerait les revenus à l'enseignement des sciences. « Dans l'intention de favoriser l'instruction publique autant qu'il dépend de moi, disait-il, je donne au collège de la ville de Gray la totalité de ma succession, meubles et immeubles, pour concourir aux frais de l'enseignement théorique des mathématiques pures et de la mécanique, telles qu'elles sont ou seront développées dans le programme d'examen des candidats à l'école polytechnique, de manière à former des élèves pour cette école. Je me réserve néanmoins l'emploi qui pourrait être fait après ma mort d'une somme qui n'excédera pas quinze cents francs, pour récompense à quelques soins, à quelques services particuliers reçus, pour dispositions funéraires et le reste, le paiement se ferait sur un ordre simple de moi, ou lorsqu'il n'excéderait pas cent francs, sur l'attestation de deux personnes qui assureraient mon intention. Il sera posé sur

---

(1) Après M. Rénoir, M. Charpy parut trop sévère aux élèves et fut en dissentiment avec quelques professeurs. Mais, au témoignage de M. Jules Sauzay, c'était un homme grave et doux, ayant de réelles qualités. En 1835, il y avait 115 élèves ; en 1842 104, dont 32 internes.

ma fosse une pierre sépulcrale, ayant des dimensions suffisantes pour recevoir l'inscription suivante :

Alexis Beuchey git ici,
Tout comme il a vécu chez lui :
Ami des sciences, des beaux-arts,
Il ne négligea nulles parts
D'en recueillir tout ce qu'il put.
Voilà ce qu'il fut.

Pour maintenir l'exécution des dispositions ci-dessus, le présent sera transcrit tous les dix ans, sur un registre ouvert d'administration de la partie prenante : il sera nul, en cas de survenance d'enfants de mon mariage » 1er juin 1830.

Une commission du Conseil municipal décida l'acceptation de ce legs (28 juin 1833), attendu que la famille Beuchey n'était pas dans le besoin ; mais on décida de vendre ces biens-fonds pour les convertir en rentes sur l'Etat. M. le recteur Bertaut approuvait vivement la création d'une nouvelle chaire : « l'étude des mathématiques, soit spéciales, soit élémentaires, intéresse à un haut degré une ville commerçante et industrieuse, » disait-il. Aussi le legs, que le maire avait été autorisé à accepter par une ordonnance royale du 25 mars, fut-il converti en une rente sur l'Etat, de 624 francs, qui servit à payer une partie du traitement d'un second professeur de mathématiques (1).

____

(1) En 1835 on eut un professeur de mathématiques transcendantes à 1.500 francs, et un maître d'étude chargé du cours de mathématiques élémentaires, moyennant 500 francs.

Pourquoi les noms de Beuchey et de Schwob ne sont-ils

Cependant le Conseil municipal ne se montra pas d'une grande libéralité envers le collège ; il refusa au principal Charpy un supplément de gages pour le portier, qui dut allumer les poëles dans toutes les classes sans toucher plus de 200 francs ; le Conseil jugeait qu'il était suffisamment dédommagé par les gratifications qu'il recevait des élèves. Le Conseil refusait au principal la création d'une étude obligatoire pour les externes, et qui coûterait trois francs par mois ; il motivait son refus sur ce fait que l'instruction étant gratuite on ne pouvait exiger que les droits universitaires. Pourquoi cette objection n'avait elle pas été faite à l'abbé Lalanne en 1826 ?

M. le principal Charpy étant décédé en 1836, fut remplacé par M. Courlet. Celui-ci tirait un certain prestige de son titre de licencié ès-lettres ; il était fort apprécié comme administrateur et devait pendant assez longtemps maintenir le collège dans un état satisfaisant.

Le 19 avril 1837 le Conseil municipal demandait que le collège fût érigé en collège royal : il rappelait que l'établissement se recommandait par son ancienneté, puisqu'il datait de 1581 ; que les bâtiments étaient étendus, salubres et commodes, que la ville, bâtie sur une colline, n'est sujette à aucune épidémie, que sa population est la première du département (si l'on y joint celle d'Arc) ; il offrait une subvention de 6.000 francs, promettait

---

pas inscrits au collège sur une table de marbre comme ceux des bienfaiteurs de l'hôpital ?

d'entretenir le collège en bon état et en harmonie avec les exigences des collèges royaux.

Mais le gouvernement ne voulut point condescendre au vœu des Graylois.

L'enseignement du collège se maintenait toujours au même niveau (1). Les jeunes Graylois ont toujours réussi pour les mathématiques : MM. Tisserand et Sirguey avaient de bons élèves ; plus tard M. Jouhanneaux, M. Coudry, ont continué les traditions de ces excellents professeurs. L'enseignement littéraire était moins bon. Tel professeur n'était pas bachelier et avait été apprenti maçon avant d'être un peu frotté de latin. M. Courlet était un spirituel professeur ; pourtant, l'inspecteur général Dutrey, homme assez brutal, ne se gêna pas pour dire tout haut, devant ses élèves de rhétorique : « que c'est bêtement organisé ! » Les élèves en firent des gorges chaudes. Qu'aurait dit M. Dutrey s'il avait entendu le bonhomme V..., tousser dans sa chaire (*quum crepitabat*) pour qu'on n'entendît point d'autres bruits ; s'il l'avait vu allonger des claques aux élèves et crier ensuite : « tiens ! tiens ! tiens ! tu la tiens ! » s'il avait vu le petit professeur Samion, ses lunettes relevées, allonger des coups de pied et de poing aux élèves remuants, ou le vieux Suffisant, l'insuffisant, lire à la dérobée une traduction latine sur ses genoux pendant l'explication !!! Après la classe, quelques malins rentraient dans la salle et

____

(1) Il y avait des cours spéciaux pour ceux qui ne faisaient point de latin (français, allemand, anglais, math.). Pour les pensionnaires de cette sorte, les cours de musique vocale, de dessin, de langues, étaient gratuits.

copiaient leur devoir sur cette traduction laissée
dans l'estrade (1).

N'oublions pas, en historien fidèle, que M.
Courlet, par son zèle, suppléait à l'insuffisance de
certains maîtres. Le samedi soir, il réunissait
élèves et professeurs dans la grande salle, lisait les
notes hebdomadaires et distribuait les bons points,
en blâmant les mauvais élèves. Cette vieille cou-
tume est abandonnée : elle avait du bon ; chaque
élève avait un petit cahier sur lequel le professeur
inscrivait le soir les notes de la journée, et les
parents devaient signer régulièrement ce carnet.

La Ville, ayant créé une école primaire supérieure, pensa d'abord à l'annexer au collège, puis
l'établit rue des Ursules, dans le bâtiment de
l'école mutuelle ; elle fut confiée à M. Cazer,
que recommandaient d'excellents certificats, et
qui, à vingt-huit ans, était fort apprécié pour avoir
dirigé avec succès une école supérieure établie à
Lure (1842). En même temps le Conseil municipal
faisait faire des réparations au collège, relever une
partie du rempart vers l'hôpital, mais refusait de
payer les frais d'une délimitation. Il fallut une dé-
libération du Conseil de l'instruction publique
(30 août) pour qu'elle fût faite (18 février 1843)
par MM. Ch. Couché et Fr. Guyet, en présence du
principal et de MM. Bridan et César Dufournel,

---

(1) Surnommé **Buse**, **Beuzu** ou **Beuzy**. Suffisant a laissé
son nom au cap Beuzu, pointe qui est sur la rive gauche
de la Saône et où il menait au bain les grands élèves.
M. Cordival était appelé Fiafia à cause du sifflement de sa
langue contre ses dents (Souvenirs personnels de **M. J.-B.
Rabbe**).

administrateurs des biens des hospices. On constata que le flanc nord du bastion appelé le boulevard des Jésuites occupait la crête du coteau où semblait se terminer au même aspect la terrasse du collège : après une courte discussion, l'on fit tirer une ligne, de l'angle extérieur du mur de clôture du jardin de l'hôpital joignant M. Barnier à 1 m. 10 cent. à droite de l'extrémité nord du grand mur de M. Sybille, joignant le clos du collège (1). La Ville refusait avec raison (2) d'élever un mur du côté de l'hospice. Le maire dut se pourvoir au Conseil d'Etat contre deux arrêts pris par le ministre des finances (14, 17 décembre 1843). Les ministres des finances et de l'instruction publique demandèrent le rejet de la demande faite par la Ville. M. Villemain, qui ne connaissait pas l'élévation du préau, insistait sur la nécessité de clore le collège pour prévenir toute communication clandestine avec le dehors.

M. Bonjean, avocat à la Cour de Cassation, défendit les intérêts de la Ville. Il écrivit au maire (9 avril 1844) : « Au fond, il s'agit de savoir lequel doit prévaloir du décret du 11 décembre 1808, qui attribue à l'Université les meubles, immeubles et rentes des anciennes universités et académies, ou de celui du 7 août 1811, qui confère aux communes la propriété des bâtiments natio-

----

(1) Archives de l'hôpital. (communiqué par M. Maire, économe).

(2) Voir aux archives de l'hôpital la donation d'un terrain faite par les Jésuites en 1714 : cette construction d'un mur sur le rempart devait être à la charge de l'hôpital. Mais cette pièce était alors inconnue.

naux quelconques, qui, à l'époque du décret, se trouvaient affectés au service de l'instruction publique. En thèse générale, cette question me semble devoir être résolue en faveur des communes, en vertu de la maxime : *posteriorœ leges derogant prioribus.* M. Bonjean citait une ordonnance du Conseil d'État en faveur de Châteauroux (3 février 1834), un arrêt de la Cour de cassation (du 6 mai 1844) ; mais par une ordonnance du 4 mai 1843 le Conseil d'État avait dérogé à sa doctrine de 1832 (1). L'opinion du comité de contentieux devait peser d'un grand poids sur les décisions du Conseil; « nous avons en outre, disait M. Bonjean (16 mai 1847) le désavantage que l'esprit de corps se trouve intéressé à notre condamnation : c'est ce qui n'arrive que trop souvent quand la Cour de cassation et le conseil d'État se trouvent en opposition. » En effet, le conseil d'État condamna la ville, le 15 mai 1847, sur le rapport de M. Hély d'Oissel, en s'appuyant sur le décret de 1808, et en déclarant que la concession du 25 germinal an 11 n'était que provisoire. (2)

----

(1) Un arrêt de la Cour de Cassation, du 7 avril 1840, décide que l'Université n'est réellement investie des biens qui lui sont attribués par les décrets de 1808 et 1811 qu'après un envoi en possession pronnoncé par l'autorité administrative.... Par la loi du 18 août 1792 l'État est propriétaire des biens des anciens collèges. J'admets cela pour les terres et rentes du collège de Gray, mais non pour les bâtiments élevés par la ville, et dont les Jésuites avaient l'usufruit.

(2) « Attendu que la disposition du 9 avril 1811 ne s'applique point aux biens compris dans le décret du 11 décembre 1808. » (1) Cependant l'arrêt de la Cour de

Une ordonnance royale du 27 mai rejeta la requête de la ville.

Et cependant, dès 1828, à la suite d'une contestation au sujet d'un champ dont elle percevait les revenus, l'Université déclarait n'élever aucune prétention à la propriété des bâtiments et des dépendances du collège de Gray.

Et cependant, lorsqu'en 1581 le collège fut construit, c'est aux frais de la ville ; celle-ci avait encore payé pour sa reconstruction de 1657 à 1668 ; puis après 1700, les jésuites avaient eu la jouissance du bâtiment, mais la ville ne le leur avait pas cédé par un acte en bonne forme ; en 1765 le gouvernement avait commis un acte arbitraire lorsqu'il avait prétendu que le collège était un bien des jésuites. Il est vrai que l'Etat devait, quarante années après 1847, venir en aide à la ville pour une nouvelle reconstruction.

Ce procès fut la plus grave affaire relative au collège sous le principalat de M. Courlet.

Le bureau d'administration soutenait celui-ci de son mieux dans les circonstances exceptionnelles. En 1837 quatre externes furent exclus provisoirement pour avoir passé une demi-journée au bois avec des filles de mauvaise vie; les parents obtinrent leur rentrée après un mois, mais ils furent soumis à une surveillance spéciale et exclus des compositions des prix. En 1845 un élève de philosophie

Cassation, du 6 mai 1844, reconnaissait que les villes ont la propriété des collèges, et l'Etat la jouissance.
Voir dans Sirey une ordonnance du Conseil d'Etat (16 décembre 1830).

fut chassé pour avoir dit publiquement au principal qu'il ne voulait pas se confesser. L'année suivante le maire dut prendre un arrêté pour qu'une maison de débauche ne s'établît point dans la propriété de M. Barnier, contiguë au collège. (1)

Cependant M. Courlet, fort apprécié de ses chefs, fut appelé au poste de censeur du lycée de Strasbourg, et M. l'aumônier Jacquerey, professeur de philosophie que l'on estimait depuis longtemps, fut envoyé au lycée de Vesoul. Plus tard M. Courlet fut proviseur à Bastia, à Saint-Etienne, à Besançon (1858) et nommé chevalier de la Légion d'honneur en même temps que l'abbé Lalanne (1860). Bien des pères de famille regrettèrent ce principal aimable, qui était, au jugement de M. Jules Sauzay, « un esprit très fin, très lettré, plus dilettante que pédagogue. » Certains lui reprochaient de négliger son cours de rhétorique : mais il avait maintenu la renommée du collège, ce qui devait bien faire oublier quelques travers.

---

(1) Cette maison est dans un enclos au sud du préau. En 1747 M. Logre de Francourt eut un procès avec le P. Pierre de Baleine, recteur, et le P. J. Noirot, procureur, qui lui interdisaient de faire une cheminée contre le mur de la chapelle. En vertu d'une transaction, il dut entretenir à ses frais une partie du mur de soutènement du jardin et n'établir qu'une remise non habitée contre la chapelle (Registre des délibérations du Conseil municipal, 7 février 1867).

Les révérends Pères Jésuites avaient vendu la maison au sieur Jacques Logre de Gray, propriétaire fiscal en la baronnerie de Ray, le 22 juillet 1691.

Cet immeuble appartenait précédemment au seigneur marquis de Conflans (Communiqué par madame Barnier).

Les ouvrages classiques en 1844 étaient : l'algèbre de Mayer et Choquet, ou de M. Allotte ; la géométrie analytique et descriptive de Lefébure de Fourcy ; la statique de Poinsot ; la physique de Deguin ; la chimie d'Orfila et de Bouchardat ; l'arithmétique de Bourdon ou d'Allotte ; la géométrie d'Allotte, ou de Legendre, ou de Vincent ; la cosmographie de Meissas ; les précis de philosophie d'Ozaneaux, de Gatien-Arnoult, de Gérusez, de Fénelon ; l'essai sur les idées fondamentales de F. Perron ; les rhétoriciens avaient Virgile (Quicherat) Horace, Tacite, le *Pro Milone*, Homère, Sophocle, Démosthène, les *Actes des Apôtres*, avec la rhétorique de Girard ou de Leclerc ; les *Dialogues sur l'Éloquence*, de Fénelon ; le *Discours sur le Style*, de Buffon ; le chapitre des *Ouvrages de l'Esprit*, de Labruyère, Boileau, Bossuet et Fléchier (*Oraisons Funèbres*), *le Petit Carême*, de Massillon ; *Cinna*, *Britannicus*, le *Misanthrope*, *le Discours sur l'Histoire Universelle*, *le Siècle de Louis XIV*, *le Précis d'Histoire de France*, de Michelet ; le *Cours de Littérature*, de Gérusez ; les *Principes de Littérature*, de Pérénnès. En seconde, on avait les mêmes auteurs latins, les *Olynthiennes*, *Hécube*, Boileau, Bossuet, Michelet, J.-B. Rousseau (*Odes choisies*) Montesquieu (*Grandeur*) ; en troisième, *De Supplicis*, Salluste, Virgile, Saint Luc, Vie d'Alexandre (*Plutarque*), le 1er livre de *l'Iliade*, les *Synonymes latins*, de Gardin-Dumesnil, le traité de *Versification*, par Quicherat, Boileau, Massillon, Vertot (*Révolution de Suède et de Portugal*) ; Desmichels (*Précis d'Histoire du Moyen Age*).

En quatrième on avait le *Pro Archiâ*, les *Commentaires*, Virgile, Saint Luc, la *Vie de César* par Plutarque, la grammaire latine de Dutrey, la grammaire grecque de Burnouf, la prosodie de Quicherat, les *Racines Grecques*, le *Thesaurus Poéticus* (Quicherat), *l'Histoire de Charles XII*, Athalie, le précis d'histoire romaine de Durozoir et Dumont, le cours de géographie historique d'Ansart (4ᵉ cahier). Les auteurs de cinquième étaient Justin, les Métamorphoses, les Actes des Apôtres, Lucien, l'Anabase, le dictionnaire de Noël ou de Wailly, Dutrey, Burnouf, Noël et Chapsal, les *Racines Grecques*, les morceaux choisis de Fénelon, Esther, la géographie de Letronne, le précis d'histoire ancienne de Cayx et Poirson, ceux de sixième, le Selectæ, Cornélius, Phèdre, les Evangiles des dimanches, Esope, les thèmes grecs de Chabert, Noel ou de Wailly, Dutrey, Burnouf, Noël et Chapsal, les *Mœurs des Israélites* par Fleury, Lafontaine, Letronne, Cayx et Poirson ; dans les classes élémentaires on avait Dutrey, Noël et Chapsal, l'histoire sainte d'Herbet, Lafontaine, les *Fables* de Fénelon, la géographie de l'abbé Gauthier, plus *l'Epitome historiæ græcæ* et le *De Viris* pour la septième, *l'Epitome historiæ sacræ* pour la huitième (1).

____

(1) **M.** Courlet, amateur de violon, madame Courlet, qui jouait de la harpe, encourageaient les élèves qui avaient le goût des arts : à cette époque la Société philharmonique se réunissait dans la grande salle du collège. En ville il y avait des réunions d'amateurs, où **M.** Agapite Versigny était fort apprécié comme joueur de violoncelle). Listz se fit entendre **au collège.**

CHAPITRE III

*Période critique traversée par le Collège (1846-
1863). — Sa décadence sous le principal
Babut (1846-1847). — M. Bourgeois. — La
Révolution de 1848 et ses effets au collège de
Gray. — M. Bonnaire (1848-1851) ; esprit
réactionnaire de ce temps. — M. Tisserand
(1851) et M. Lusson (1852-1856) se succèdent.
— Différents entre M. Duprat et le Conseil
municipal (1856-1858). — Principalat de
M. Blin (1858-1863). — La question de l'enseignement spécial : l'école primaire supérieure de M. Cazer est réunie au collège.*

A ville de Gray avait eu le tort de ne pas
mettre en régie le pensionnat ; elle eut
aussi le malheur de recevoir un principal
absolument insuffisant comme successeur
du regretté M. Courlet. Ce principal, M. Babut,
faisait si mal son cours de philosophie que sa
classe fut désertée, ainsi que celle de mathématiques spéciales, par les plus grands élèves, qui

allèrent presque tous au lycée de Besançon (1). Le
Conseil municipal constata bientôt que le cours
de M. Babut, au témoignage de jeunes gens pleins
d'ardeur au travail et parmi lesquels se trouvaient
plusieurs sujets distingués, n'avait été, du 1er novembre au 1er janvier, époque à laquelle il avait
même cessé, qu'un *vain simulacre*, soit qu'il
ignorât la philosophie, soit qu'il n'eût pas l'habi-
tude de l'enseigner. Les parents parlaient comme
leurs fils. M. Babut avait refusé de faire comme
M. Courlet un cours préparatoire au baccalauréat,
en disant qu'il n'était pas payé pour cette besogne.
Le Conseil municipal lui répondait qu'il avait les
bénéfices de l'internat, et ajoutait : « Un principal
qui aurait vraiment à cœur l'intérêt de la jeunesse
ne doit pas hésiter à consacrer quelques heures
par semaine pour faire obtenir à ses élèves des
succès qui, en flattant à juste titre son orgueil,
tournent aussi à son profit en donnant à l'établissement une réputation qui contribue à y accroître
le nombre des pensionnaires. » Après ce trait
piquant à l'adresse du « marchand de soupe », le
Conseil ajoutait : « Le départ des élèves de philosophie et les causes qui l'ont motivé ont fait
perdre à M. le principal la confiance des élèves,
en général, celle de leurs parents et même des
professeurs ; il n'a rien fait pour essayer de la
reconquérir, bien que n'ayant pas ignoré le mé-
contentement auquel il a donné lieu ; l'expérience
démontre que la prospérité d'un établissement

---

(1) Principal à Mulhouse, M. Babut fut nommé principal
à Gray le 1er octobre 1846.

d'instruction dépend essentiellement du chef qui le dirige, de la marche qu'il sait lui imprimer, et par-dessus tout de la haute opinion que ses actes doivent donner de sa capacité et de son zèle. »

Après avoir fait écrire sur ses registres cette dure appréciation, le Conseil municipal s'entendit avec le bureau d'administration, qui écrivit au recteur pour demander le changement de M. Babut. Mais le recteur ne répondit rien. Le Conseil écrivit directement au ministre pour le prier de vouloir bien se faire représenter la lettre que le bureau d'administration avait écrite au recteur en février ; on le priait aussi de vérifier les assertions contenues dans cette lettre et de prendre les mesures que sa sagesse jugerait convenables. Le Conseil se disait « pénétré de cette idée que l'instruction est le plus grand des bienfaits qu'on puisse assurer à une population, et ajoutait qu'il croirait manquer à ses devoirs s'il ne faisait tous ses efforts pour prévenir la ruine d'un établissement aussi précieux. »

La position de M. Babut devenait intenable ; il fut remplacé par M. Bourgeois, principal du collège de Lure, le mieux noté des principaux de l'Académie (1). Enfant de Gray, celui-ci avait fait toutes ses études au collège de Gray ; il avait montré de grands talents d'administrateur. Chacun l'estimait ; malheureusement, quoique âgé de trente-cinq ans, il souffrait de cruelles douleurs

_____

(¹) Nommé le 2 septembre 1847. Au temps malheureux de M. Babut, il y eut au collège une épidémie de fièvre typhoïde.

névralgiques qui ne lui permettaient point de déployer l'activité et l'énergie dont il était capable. Les circonstances ne lui permirent pas de relever le collège de Gray comme celui de Lure, qui comptait 5 pensionnaires à son arrivée, 50 à son départ. A peine fut-il possible d'apprécier la haute valeur de M. Bourgeois.

Sur ces entrefaites, la Révolution du 24 février vint agiter les esprits à Gray : il fallut organiser des ateliers spéciaux en faveur des ouvriers sans travail, qui parcouraient la ville par bandes et tambour battant, pour imposer aux marchands le maximum. Excités par plusieurs personnes, quelques grands élèves profitèrent de ce que M. Bourgeois était alité, presque à l'agonie, pour se révolter contre l'aumônier, M. l'abbé Besson, alors professeur de philosophie. Fort apprécié à cause de ses talents exceptionnels de prédicateur et d'écrivain, l'aumônier était connu pour son attachement à la dynastie déchue. Les candidats au baccalauréat se plaignaient de ce que les conférences religieuses étaient trop fréquentes et trop longues, exigeant des devoirs aussi fort longs ; ils se lassaient de rédiger des résumés de tous les sermons. Le 4 avril, vers sept heures du matin, douze collégiens se présentèrent chez l'aumônier, pour lui signifier de renoncer à ses fonctions, vu que ses cours ne leur convenaient pas. M. Besson répondit qu'il était à son poste par la volonté de ses supérieurs, qu'il ne le quitterait point et n'avait pas d'ordre à recevoir de ces élèves. Ceux-ci s'écrièrent qu'ils le forceraient à partir, s'assirent dans sa chambre et l'aumônier leur dit alors qu'il devait dire sa

messe. On le laissa sortir, mais la porte fut fermée
et un élève de philosophie en garda la clef.
M. Besson dut aller se plaindre à MM. les membres
du Bureau. A trois heures de l'après-midi, ceux-ci
se réunirent avec M. Allotte, inspecteur d'académie; ils firent comparaître devant eux les
meneurs. L'un de ceux-ci répondit à son père,
alors membre de cette commission, qu'il n'avait
pas à répondre à son père en tant que père, mais
comme à un membre du Bureau, et il osa se
plaindre de la manière dont M. Besson faisait ses
cours. Le Bureau soutint l'aumônier et ordonna
aux élèves de se retirer. « Peu après, à l'assemblée
des professeurs et des élèves, M. Pernet, professeur de mathématiques, investi par le sous-
commissaire Charnottet de pleins pouvoirs pour
rétablir l'ordre, imagina de suspendre l'aumônier
de ses fonctions. L'aumônier dut quitter une
maison livrée à l'anarchie et se retira au presby-
tère. Cependant il se présenta devant le collège,
dont les élèves avaient fermé la porte. » On par-
lementait avec eux au milieu du bruit et des cris.
Un élève de philosophie était descendu de la salle
des notes dans la cour; il tenait un drapeau déployé, était suivi des pensionnaires et se joignait
aux plus jeunes élèves, qui accueillaient leurs anciens par le chant de *la Marseillaise*. On proférait
aussi des menaces contre l'aumônier, sans plus se
soucier de son caractère sacré (1). Les membres

---

(1) Successeur du populaire et familier abbé Jacquerey,
M. Besson avait paru trop sévère en classe et au confes-
sionnal. Ajoutons que les externes s'exaltaient dans les
clubs. Mgr Besson répondit un jour à une question qu'il

du Bureau d'administration, prévenus qu'une troupe d'élèves manifestait contre M. Besson, et que les crocheteurs du Port, avertis par la rumeur publique, accouraient, tambour en tête, leur prêter main-forte, s'enfuirent alors par le jardin. L'inspecteur d'académie disparut lui-même de cette façon. Seuls, M. le maire Alexandre Revon et M. Charnottet surent en imposer aux rebelles. Ils descendirent dans la cour, arrêtèrent eux-mêmes les chefs des mutins, qu'ils enfermèrent dans la classe de seconde, firent fermer la grande porte et envoyèrent chercher les cinq gendarmes commandés par le maréchal des logis Simonin. En même temps, on vit arriver M. Tournache, commissaire de police, suivi d'un peloton de gardes nationaux. Mêlés à quelques collégiens, les crocheteurs, au nombre d'environ cent cinquante, s'étaient massés devant le collège; exaspérés de trouver la porte fermée, ils poussaient des cris de toute nature. Un collégien criait : « Voilà nos poitrines : tirez! » et un lieutenant lui répondit : « Ce n'est pas à vos poitrines que nous en voulons. » Cependant M. Charnottet fit ranger la garde nationale en bataille dans la cour. Les émeutiers criaient : « A bas le capelan! A bas Besson! A l'eau Besson! » M. Charnottet ceignit son écharpe, fit ouvrir la grande porte et se posta hardiment sur le perron. « Au nom de la loi, dit-il d'une voix sonore, je vous somme de vous disperser. Ecoutez, citoyens : Si Besson est coupable de quelque chose, il sera puni; mais vous ne

avait oublié les noms des révoltés. Nous ferons comme lui.

devez pas vous faire justice vous-mêmes. Je vais faire les trois sommations. » Après le premier ban, il fit une deuxième sommation et ajouta : « Il n'y en a que trois : au nom de la loi, je vous somme de vous dissoudre. » On hurlait toujours : « A l'eau Besson ! » — Capitaine, faites apprêter les armes ! — Portez arme ! apprêtez arme ! — Citoyens, faites attention : voici le troisième et dernier ban : après le dernier roulement, si vous n'êtes pas dispersés, je commande le feu ! » Alors cette foule hurlante trembla pour sa peau : les émeutiers se dispersèrent comme une volée de moineaux effarouchés.

Le maître d'étude Jeannerot avait été insulté, hué et frappé pendant cette journée de désordre : il quitta le collège.

De pareilles scènes, explicables seulement par l'exaltation des esprits à cette époque, devaient nuire beaucoup à la bonne réputation du collège, où l'ordre avait toujours régné depuis quarante ans : ces agitations avaient lieu en outre à un moment où la position du principal était peu stable : on verra que tout élève entré au collège en 1845 a pu connaître six principaux avant de terminer ses études.

M. Charnottet réunit à la Sous-Préfecture les professeurs et les parents des plus grands élèves. M. Besson déclara nettement et avec dignité qu'il avait le droit de reprendre ses cours dès le lendemain. Tous les pères de famille l'appuyèrent ; mais M. Charnottet le conjura d'attendre quelques jours. Aux vacances de Pâques on nomma un régent de philosophie pour remplacer M. l'abbé

Besson, *démissionnaire*. C'était une erreur, que l'autorité académique fut impuissante à réparer : Mgr Mathieu, archevêque de Besançon, renvoya trois mois après M. Besson à Gray en qualité de vicaire; c'était l'époque où M. le curé Verneret était très gravement malade; le vicaire devait donc faire fonctions de curé (1).

Trois jours après l'émeute, dont toute la ville parlait, M. l'inspecteur d'académie Allotte était présent au collège avec les membres du bureau d'administration, MM. Charnottet, Revon, Verneret, Mugnier, Voilliard, Lompré et Fournier. Un élève de philosophie prit la défense de cette action devant ces Messieurs, parmi lesquels était son père : il reprochait à l'éminent abbé Besson de faire mal son cours (!!!) d'avoir comme espion un maître d'études nommé Jeannerot, la bête noire des élèves, etc. Mais le bureau expulsa cinq élèves de philosophie, trois de rhétorique, trois de troisième, un de quatrième : du reste ils devaient être relevés de cette exclusion lorsqu'ils auraient manifesté leur repentir par une lettre au principal. Un professeur de mathématiques, M. Pernet, ayant dit en présence de ses collègues et de plusieurs élèves le 5 avril, que M. Besson ne faisait plus partie de l'établissement, et qu'il n'y aurait pas de messe le lendemain, reçut un blâme solennel, dont lecture fut faite en présence des professeurs et des élèves(!!!)

____

(1) J'ai dû recourir aux souvenirs personnels de Mgr Besson, de MM. Bertin frères, Jules Bour, Pierre Revon, Drouhard, Pothelet, Vezin, Joseph Roux : je les prie d'agréer mes remerciements.

Décidément les administrateurs manquaient de mesure : mais force restait à la loi, comme toujours en pareille circonstance. C'est ce que devront méditer les rares élèves indisciplinés qui me feront l'honneur de me lire. Ajoutons que tous les élèves furent licenciés jusqu'à Pâques. M. le principal Bourgeois mourut le 10 avril, six jours après cette émeute, qui avança certainement sa fin (1). J'ignore quels furent les sentiments des élèves devant le cercueil de cet homme de trente-six ans, universellement regretté, qui laissait une veuve et quatre enfants dans la gêne.

M. Bonnaire, principal du collège de Langres, remplaça M. Bourgeois le 22 avril 1848 : c'était un homme de haute taille, sévère d'aspect, autoritaire et sérieux. (2)

Il fit établir une rétribution mensuelle de 4 fr. depuis la septième, pour que l'enseignement obligatoire des langues vivantes pût être gratuit ; mais les enfants des professeurs furent exemptés des mois d'écolage par le conseil. Puis le conseil municipal réclama instamment un aumônier pour remplacer M. l'abbé Besson, devenu vicaire ; on voulait que l'aumônier eût la chaire de cinquième, dont les élèves étaient d'âge à se préparer à la première communion. Aucun vicaire de Gray ne put accepter ce poste : pendant dix-huit mois le

(1) Son agonie fut longue et cruelle. Pendant trois jours il eut le délire et crut voir les élèves prêts à envahir son appartement.

(2) Il a publié : Cours de thèmes français, ou Nouveaux exercices d'orthographe, de syntaxe, d'analyse et de ponctuation (Hachette, 1856).

collège resta privé d'aumônier, « dont les soins, disaient les conseillers, seraient cependant si utiles pour l'instruction religieuse des élèves qui en sont entièrement privés et dont cependant ils ont un besoin plus grand à cet âge qu'à aucune autre époque de la vie ». Ils pensaient que la prospérité de l'établissement était compromise par la prolongation de cet état de choses ; ils crurent même devoir surseoir au vote du budget ; enfin le recteur leur donna satisfaction, et les conseillers firent réparer le logement de l'aumônier.

La discipline était pourtant rétablie parmi les élèves, qui firent généreusement l'abandon de leurs prix aux blessés de la garde nationale et de l'armée pendant les journées de juin.

Huit jours avant ces journées, le professeur Poirier avait écrit dans la *Presse grayloise* un article furibond contre les compagnies de chemins de fer ; il le désavoua platement, mais le bureau d'administration exigea son renvoi parce qu'il avait tenu un langage exalté dans les clubs de Gray. Le sous-préfet, ayant pitié de ce père de famille chargé d'enfants, obtint de lui qu'il demanderait un congé. Mais il ne le demanda point. Alors le bureau revint à la charge, disant que M. Poirier avait été six semaines sans faire son cours, qu'il avait perdu la confiance, excité les craintes des pères de famille et leur répulsion en publiant des articles dont le but évident était d'exciter la haine des citoyens les uns contre les autres ; le bureau voulait faire remplacer ce régent de cinquième par le futur aumônier. Poirier s'humilia : il visita individuellement chacun des membres du bureau, déclara regretter ses imprudentes manifestations, s'excusa sur « cette fièvre politique qui s'était emparée de son imagination et ne lui avait pas permis de calculer la portée de ses actes, de ses paroles et de ses écrits. » Il écrivit aussi une lettre d'excuses au préfet, et fut maintenu en fonctions, puis envoyé au collège de Beaune. (1)

En 1849 les cours furent suspendus un mois lorsque le choléra sévit à Gray.

Cependant le mouvement réactionnaire s'accentuait. M. Bonnaire, dont le bureau louait le zèle, l'intelligence et le désintéressement, et qui était aidé dans sa tâche par l'abbé Peyre, nouvel aumônier, dénonça quelques régents qui n'assistaient pas aux offices, et n'écoutaient point ses observations. Le bureau (8 juin 1850) reconnut qu'il était contradictoire d'exiger des élèves ce à quoi les maîtres auraient le droit de se soustraire. « Les élèves, disait-on, voyant les régents, au sortir de la classe, s'éloigner au lieu de les accompagner à la chapelle, pourraient penser que les pratiques religieuses sont sinon complètement inutiles, au moins fort peu nécessaires. » Le bureau annonçait qu'il prendrait ses mesures si les professeurs n'étaient pas plus soumis (2) ; il constata aussi des préventions contre MM. Strohl, Samion (*Orbilius plagosus*) et Peyron.

----

(1) Néanmoins il fut quelque temps sars place et se fit agent d'affaires à Gray (1850).

(2) « Il n'y a si mince régent, écrivait le recteur, qui ne se croie un personnage important. » C'était l'époque où l'on réprimandait L. Lechartier pour un article publié dans *la Presse Grayloise*.

Le 5 décembre, le sous-préfet lui-même convoqua les professeurs dans la salle du bureau d'administration, et leur recommanda l'assistance à la chapelle, qui aurait pour résultat « de pénétrer davantage les élèves des vérités et des enseignements de la religion, de leur confirmer la certitude des devoirs qu'ils ont à remplir envers Dieu, envers la patrie et envers eux-mêmes, et enfin d'exercer la plus heureuse influence sur la moralité, la conduite et le travail de tous les enfants. » Le bureau voulait obtenir le libre consentement des professeurs au lieu de faire un règlement à ce sujet : il l'obtint, et les maîtres, comme les bons soldats de Scribe, durent se taire sans murmurer.

Ils auraient pu cependant invoquer la liberté de conscience inscrite dans la constitution : car, en vertu de quel droit forçait-on à une basse hypocrisie ceux d'entre eux qui étaient imbus de doctrines anti-catholiques et étaient connus pour être libres-penseurs ? (1)

C'est alors que Bugeaud tonnait contre « les licencieux professeurs, empoisonneurs de la jeunesse, propagateurs de l'esprit de révolte et d'immoralité, depuis l'école du village jusqu'à la chaire du haut enseignement. » Bastiat écrivait : « Les études classiques ont perverti le jugement et la moralité du pays. Elles font des pédants, d'affreux petits rhéteurs, des turbulents factieux. » M. le

---

(1) En 1850 M. Revon dit cependant à l'inspecteur que M. Samion était étrangér aux troubles et aux scandales du collège. M. Samion professa plus tard à Vesoul, puis à Lure.

ministre de Parieu disait : « L'Université est
destinée à représenter l'application à l'enseignement des principales forces conservatrices de la
société, à combattre le relâchement dans les liens
nécessaires entre l'enseignement de l'État et les
vieilles croyances; les sociétés se conservant surtout
par les dogmes. » Un cléricalisme étroit imposait
son joug aux libres-penseurs universitaires, et les
plus petits collèges ressentaient l'effet de la réaction. Le 15 avril 1851, le bureau d'administration
menaçait d'expulser trois grands élèves du collège
qui étaient malades périodiquement le mercredi et
le samedi (pour ne pas venir à la messe), et rappelait le statut du 4 septembre 1821, qui avait créé
deux divisions, l'une ayant classe le jeudi avant
la messe, l'autre le dimanche de dix heures et
demie à midi.

Malgré son zèle réactionnaire, le principal s'ef-
frayait de la concurrence des établissements religieux ouverts en vertu de la loi Falloux. Il réclamait qu'on exemptât du prix de la pension un
interne sur dix (9 août 1851); disant qu'il ne
pouvait, sans manquer à sa dignité, faire une
remise aux parents qui la réclamaient lorsqu'ils
avaient des fils en pension. Le conseil municipal
répondit par un refus. Déjà M. Bonnaire était
victime d'une imprudence de l'abbé Peyre, qui
avait reçu dans la chambre qu'il occupait au collège
une femme à qui était confié le soin des ornements
de la sacristie, et qui lui portait une aube. Le
principal, embusqué le soir vers la chapelle avec
deux maîtres, avait surpris sa sortie. Vainement
une pétition fut signée pour le maintien de l'au-

mônier. Le bureau, jugeant que les faits avaient
été trop répandus, grossis et dénaturés, demandait
son départ et disait qu'il y aurait inconvenance à
le conserver ; mais il blâmait le principal « pour
n'avoir apporté dans cette délicate affaire ni le
sang-froid, ni la mesure, ni l'impartialité qu'exigeait son droit de surveillance et de répression. »
Sa conduite, disait-on, « avait été marquée au coin
d'une fâcheuse animosité. » M. Bonnaire dut aller
occuper le principalat de Beaune (16 août 1851) :
(1) il avait voulu faire partir l'aumônier, qui refusait de communiquer les comptes de la chapelle,
si ce n'est au conseil de fabrique.

Un graylois, M. Tisserand, le remplaça. Fils
d'un ouvrier, il avait été boursier au collège : il
était devenu licencié ès-sciences mathématiques et
professeur à Salins. M. Tisserand, homme dans la
force de l'âge et maître fort estimé, fut chaudement
recommandé par le recteur Dumouchel, qui espé-
rait que l'avenir du collège était assuré grâce à
cette habile, prudente et paternelle direction. Déjà
plus de dix élèves avaient été retirés par leurs parents, partisans de l'abbé Peyre. M. Tisserand fut
chargé du cours de mathématiques, en remplacement de M. Peyron. En même temps, le conseil
municipal mettait au concours les fonctions de
professeur de dessin. M. Louis Genève, de Besançon, fut choisi. Avant lui, les maîtres étaient libres
et traitaient avec les parents pour le prix de leurs

(1) Bien plus tard, des médisances de petite ville ont
causé beaucoup de chagrin à un aumônier fort estimé, qui
n'était nullement coupable, mais imprudent sans le savoir.

leçons. La rétribution collégiale fut élevée à 5 fr. par mois au lieu de 4, pour payer ce maître de dessin, qui toucha 900 fr., et un maître d'écriture à 200. Puis le professeur de dessin eut son traitement élevé à 1200 francs moyennant quelques heures données au cours d'adultes. (1).

En vertu d'un décret du 10 avril 1852, une division élémentaire fut établie, une division de grammaire comprit la 6e, la 5e, la 4e ; après un examen à la fin de la 4e, on passait dans la section des lettres ou dans celle des sciences de la division supérieure. C'est le système de la bifurcation.

Le 21 août 1852 les Graylois venaient en foule au collège pour entendre le recteur, qui honorait de sa présence la distribution des prix. Après un discours de M. l'abbé Jacquerey, sur la religion, source du vrai talent et de la vertu, M. le recteur fit voir que le doigt de Dieu était marqué dans le changement politique récemment opéré. « L'année dernière, dit-il, quelles n'étaient pas nos appréhensions, par combien d'idées perverses, par combien d'utopies ridicules n'étions-nous pas agités ?...., Et voilà que Dieu suscite encore un homme qui, par un coup d'Etat le plus hardi et le plus habile dont il soit fait mention dans l'histoire apaise nos craintes, ramène l'ordre dans les idées, détruit l'anarchie, rétablit la société sur une base solide, dissipe ces ténèbres qui voilaient l'avenir et nous donne enfin l'ordre et la paix publics, etc. »

---

(1) Un prospectus de M. Tisserand fixe à 450 francs le prix de la pension, plus 30 fr. pour blanchissage et raccommodage, 15 fr. pour fournitures scolaires ; la demi-pension était de 260 fr. les frais scolaires de 40 fr.

Quelques jours après cette fête, on apprenait tout à coup la mort de M. Tisserand, tué dans un accident de voiture en visitant les forges de Siam. La population de Gray s'associa aux regrets qu'exprima sur sa tombe M. Lechartier, professeur de mathématiques : « Il pouvait, disait ce dernier, prendre facilement place dans un lycée ; il préféra revenir au milieu de vous. Un noble sentiment de piété filiale le rappelait vers ses vieux parents, dont il honorait et consolait les derniers jours, vers cette ville qui ne veut pas laisser enfouir les trésors d'intelligence que Dieu lui envoie, et qui avait donné une éducation si libérale au fils du modeste ouvrier ; il vint avec joie lui payer sa dette de reconnaissance. » La bonté de M. Tisserand avait été fort appréciée : « c'était, me dit M. Jules Sauzay, la plus aimable nature qu'on puisse rencontrer. » Chacun déplorait la fatalité qui s'acharnait sur le collège.

M. Lusson, nommé principal le 29 septembre 1852, était licencié ès-lettres, officier de l'instruction publique, et comptait 23 ans de services. C'était un professeur d'histoire venu de Niort, où il avait professé douze ans. Homme d'esprit et doué d'une très grande finesse, il sut bientôt satisfaire les conseillers municipaux, qui lui adressèrent des éloges pour sa bonne administration. L'habile principal écrivait de sa plus belle main, avec de la belle encre bleue, sur un beau papier, les noms des élèves reçus au baccalauréat, et faisait ressortir ses nombreux succès devant les conseillers : l'élève Chofardet avait été reçu avec la note *très bien*, et le doyen de la faculté avait donné des éloges publics au collège de Gray; puis, grâce aux bons soins du professeur Augé, Charlemagne et Bour avaient été reçus avec mention. Le spirituel principal daignait reconnaître que de tels succès n'étaient pas dus à lui seul, mais un peu aux professeurs; il daignait aussi les inviter à des pique-nique au collège, et se rendait ainsi populaire parmi eux à fort bon marché.

La ville, satisfaite, réclamait à l'État une chaire d'histoire, nécessaire à cause de l'étendue des programmes. Le bureau d'administration réglait de nouveau les heures de cours d'allemand (1) et de dessin, qui avant 1851 étaient facultatifs. Le recteur Dumouchel aurait voulu que le principal n'eût pas à faire de cours et eût un traitement fixe, parce que ses devoirs sont si sérieux, ses fonctions si laborieuses que le bénéfice incertain du pensionnat n'est pas une rémunération suffisante de ses services. Mais il n'obtint pas ce qu'il souhaitait. La ville se contenta de réclamer la création d'une chaire de huitième, et d'un poste de maître d'étude chargé de faire des répétitions ou surveillances d'élèves avec le professeur de huitième, qui aurait été logé comme lui au collège (1855) : l'étude serait ainsi obligatoire pour tous les externes et la rétribution scolaire élevée à 9 fr. Si des parents retiraient leurs enfants, ce serait, disiat la commission, un bien pour eux : « il était

____

(1) **Deux heures** de dessin au lieu d'une pour les 60 élèves, divisés en deux sections ; deux heures pour chacune des classes d'allemand, au lieu d'une, pour trois divisions, plus une heure et demie pour les candidats à **Saint-Cyr**.

préférable pour l'élève de recourir à un autre enseignement plus en rapport avec la position qu'il devra se faire pour l'avenir (1). »

Le choléra de 1854 avait nécessité l'évacuation du collège et amené la mort du professeur Vial père et du vieux concierge Leconte. Mais l'établissement semblait redevenir prospère. *L'externat surveillé* réussissait parce que les parents étaient déchargés de la surveillance à exercer sur le travail de leur fils. Désireux de faire concurrence à l'école supérieure de M. Cazer, que le Conseil refusait d'annexer au collège (1852, 1853) (2), M. Lusson, après avoir parlé dans son prospectus de l'instruction religieuse et de la rédaction des cours de l'aumônier, insistait sur l'utilité de ses cours spéciaux de français. « Cette innovation, disait-il, en rapport avec les exigences de la localité et avec les besoins de notre époque, est depuis longtemps réclamée par les familles. L'instruction primaire supérieure, empruntant ainsi à l'instruction secondaire, dont l'organisation est plus progressive et plus féconde, se complètera par une série d'études bien entendues et donnera au commerce, à l'industrie, à l'agriculture, des jeunes gens spéciaux, maîtres de la théorie et déjà exercés à la pratique. »

---

(1) Nombre des élèves en 1851 : 124, dont 84 externes; en 1852 : 105 ; en 1853 : 113 ; en 1854 : 119 ; en 1855 : 110 ; en 1856 : 101.

(2) Grâce à l'appui de M. Bridan, M. Cazer, malgré le recteur, obtint le maintien de son école. Mais on supprima le traitement affecté à sa classe élémentaire annexée, et si l'école ne produisait pas 800 francs, il fournissait la différence de son traitement.

M. Lusson organisait en même temps une classe élémentaire, avec une division spéciale pour les enfants destinés aux études classiques (1).

Les cours spéciaux n'ayant attiré que peu d'élèves, M. Lusson demanda au Conseil municipal l'annexion au collège de l'école supérieure (2). M. Cazer refusa énergiquement de s'y soumettre, disant qu'après avoir fait à ses frais plusieurs réparations et constructions, il devrait vendre à perte son mobilier et ses approvisionnements : il

---

(1) Emploi du temps : de 7 et demie à 8 (à 6 l'été), étude ; de 10 à 12, étude ou cours d'agrément ; de 12 à 1 et demie, les externes vont dans leur famille ; de 1 et demie à 2, étude ; de 4 à 5, goûter et récréation ; de 5 à 7, étude ; prière du soir en commun. Le jeudi, de 8 à 8 et demie, messe ; de 8 et demie à 9, récréation ; de 9 à 11, étude, puis repos et promenades. Le dimanche, de 8 à 9, messe ; de 9 à 11, étude ; de 2 à 3, vêpres ; pour la classe élémentaire, cours de 8 à 10 et demie, de 1 et demie à 4. — L'externe libre paie 5 francs ; l'externe recommandé 10 fr. par mois (droit municipal compris,; le demi-pensionnaire paie 250 fr. par an, plus la rétribution mensuelle de 5 fr. ; le pensionnaire 450, plus 15 fr. pour fourniture de classe, 30 pour blanchissage et racommodage. Sorties facultatives bi-mensuelles ; bulletins trimestriels.

(2) Selon M. Lusson, l'Ecole Cazer coûtait, pour le personnel et les prix, 4.280 fr , plus 500 d'entretien, ou 4.780 et rapportait 4500 fr. à la ville. Dans le système de l'annexion, la dépense aurait été de : 1200 fr. pour le directeur, 800 fr. pour le premier maître, 60 pour le deuxième, 200 pour le maître de dessin, 150 pour les prix, 25 pour frais de bureau, 250 pour le professeur de mathématiques, ou 3.225, ce qui faisait une économie de 1455 fr. par an. Le premier maître donnerait à tous la leçon d'écriture payée 200 francs et la ville percevrait de la classe de huitième environ 600 fr. En outre, le local de l'école serait disponible pour la bibliothèque et le muséum.

réclamait au moins la faculté de garder son logement et d'y tenir des pensionnaires pendant deux
années. M. Lusson ne pouvait recommander ce
projet, lui qui voulait organiser une étude ouverte
à tous les externes. Il y avait alors au collège des
externes recommandés, qui assistaient comme les
demi-pensionnaires à tous les exercices de l'intérieur; des externes en répétition, qui faisaient
leurs devoirs et apprenaient leurs leçons au collège,
et enfin des externes libres (1). M. Lusson écrivait
au Conseil municipal : « L'instruction ne gagne
point à cette diversité, l'éducation y perd. Ce système, pour des enfants du même âge, suivant le
même cours, visant au même but, distribue iné-
galement les influences, les faveurs, les moyens
de travail et les motifs d'émulation. » S'autorisant
des établissements religieux qui n'admettent point
d'externes, et du système de Lalanne, qui voulait
la même discipline, la même direction pour tous
les élèves, M. Lusson rappelait aussi qu'à Lure et
à Vesoul il avait obtenu qu'on élevât la rétribution
mensuelle de 5 à 9 fr., pour créer une étude des
externes. Ceux-ci travaillaient, sous la surveillance
de deux maîtres, le matin, entre les classes, et le
soir jusqu'à 7 heures et demie; trois heures le
dimanche et autant le jeudi.

Le conseil municipal ne parut pas comprendre
l'importance de ce projet qui, d'ailleurs, reconnaissait aux parents le droit de ne pas envoyer

____

(1) Il y avait 22 internes, 4 demi-pensionnaires, 4 externes recommandés, 25 externes en répétition et 55 libres :
total, 110,

leurs enfants à cette étude. Le prix de la rétribution paraissait trop élevé. D'autre part on ne voulait point inquiéter M. Cazer, que recommandaient ses longs services et que couvrait la protection de MM. Revon, Bridan, et autres conseillers.

Sur ces entrefaites, le terrible choléra de 1854, qui fit mourir à Gray plus de cinq cents personnes, vint faire oublier pour quelque temps tout projet de réforme. Il fallut fermer le collège, après la mort du vieux régent Vial, qui était resté un des derniers à son poste malgré ses soixante-quatre ans, et du portier Lecomte, qui en avait soixante-douze mais qui montrait toujours beaucoup de zèle et d'activité dans sa modeste sphère (1). Mais lorsque le collège rouvrit ses classes, le principal revint à son grand projet.

____

(1) On pardonnait en riant, disait le spirituel M. Lusson, au vieux serviteur qui avait fait, d'usurpation en usurpation, du collège sa chose, et des fonctionnaires ses gens : (il disait fort drôlement : *mes éleuves, mes professeurs)*. Mais (à propos de son successeur Baron) il faut être portier et portière, comme aux temps primitifs, et non M. et Mme. Il faut recevoir les parents, se faire leurs serviteurs et non leurs égaux, parfois leurs supérieurs. La tradition est chose pitoyable chez les vieux serviteurs, surtout quand, à la faveur des temps difficiles (1848-1851), ils ont euxmêmes fait leur charte. Il survint un certain Janiot, dont un autre principal disait en 1864 : « C'est un brave et honnête homme, mais ses enfants, ses petits enfants et ses porcs envahissent une partie du collège. Il est devenu une sorte de puissance avec laquelle je ne puis me résigner à traiter d'égal à égal, mais qu'il faut abaisser en l'enfermant dans ses naturelles limites. La grille est constamment ouverte : des mendiants vont jusqu'à la cuisine ; le portier refuse de porter mes lettres, prétend ne relever que de la mairie et n'avoir aucun ordre à recevoir du principal. » Son succes-

Le conseil municipal n'ayant pas voulu annexer l'école supérieure de M. Cazer au collège, M. Lusson voulut lui faire concurrence. « Le collège de Gray, dit-il dans un avis, aura des cours de français plus complets que ceux des écoles primaires supérieures aujourd'hui abandonnées de toutes parts. Quatre divisions formant quatre classes, sous un maître habile breveté du premier degré, aidé d'un ou deux sous-maîtres, selon le besoin, recevront tous les élèves qui veulent suivre l'enseignement primaire à quelque degré que ce soit. Le collège admettra à ses cours secondaires de mathématiques, à ceux de physique, de chimie et d'histoire naturelle, sans aucune augmentation de rétribution, les élèves les plus forts de l'école de français. L'école de français du collège recevra les enfants de six ans sachant lire. » Le principal annonçait des cours de langue française, de style, d'histoire et de géographie, d'arithmétique et de géométrie, de dessin linéaire, de coupe de la pierre et du bois pour l'architecture et les divers genres de construction, de technologie, de rhétorique (!), même d'agriculture pour certains élèves (!), promettant de former des candidats pour les écoles des arts et métiers, des sujets pour les diverses industries, usines, fonderies, chemins de fer, télégraphes, des employés pour le commerce et les administrations.

---

seur Poignot (1865), recevait aussi les élèves dans sa loge et les excitait contre le principal, dont il gardait trop long-temps la correspondance : sa femme et lui avaient accueilli ses reproches par des cris tels qu'il avait dû se retirer, pour conserver sa dignité. Rien de semblable avec la femme Barillet (1870), Duchet, Pélicot (1871), Guenot (1875), Hugon

Comme l'on avait pensé à remplacer le collège
par une école primaire supérieure, un correspondant anonyme de *la Presse* dit que les villes qui
avaient agi de la sorte le regrettaient amèrement.
M. Cazer s'écria que l'Empereur avait envoyé un
prix à l'école Turgot. On lui répondit qu'une sous-
préfecture sans industrie n'était point comparable
à Lyon et à Paris. Les cours supérieurs de français
semblaient devoir réussir, avec le principal et le
professeur de rhétorique pour la grammaire et la
littérature ; les deux professeurs de mathématiques,
ceux d'allemand, de dessin et d'écriture. Tous
recevaient 100 francs d'augmentation de traitement
(1856). M. Lusson avait donc montré beaucoup
d'intelligence et de zèle ; malheureusement ses
innovations furent un peu précipitées, et il se
trouva, je ne sais comment, couvert de dettes :
l'effet moral fut déplorable. Les plaintes bruyantes
de son boulanger, m'a-t-on dit, causèrent son
changement.

·M. Duprat, principal à Marvejols, remplaça
M. Lusson (septembre 1856). Il ne fit que passer.
Sa raideur déplut au Conseil municipal. Comme
on parlait de supprimer le collège, M. l'adjoint
Fournier dit à la distribution des prix que la Ville
voulait le conserver et était disposée à faire tous
les sacrifices pour le ramener à son ancienne
splendeur (1). M. Duprat écrivait au Conseil, le 5
février 1858 : « Qui veut la fin, veut les moyens.

----

(1) Le nombre des élèves n'était plus que de 74 en 1857,
88 en 1858. — M. Duprat était licencié ès-lettres, officier
d'académie.

Si des bruits fâcheux, des paroles imprudentes ont semé dans les alentours de votre ville une opinion douteuse sur votre collège, permettez-moi de vous représenter qu'il vous appartient de détruire cette opinion, en montrant que vous n'êtes pas indifférents pour lui.... Car le principal et les professeurs auront beau rivaliser de zèle et de dévouement dans l'intérieur : tous leurs efforts seront vains si vous ne leur prêtez un concours actif, en publiant au dehors les bons effets que vous aurez observés. Or, vous pouvez les publier surtout par des améliorations matérielles, qui, tout en encourageant maîtres et élèves, diront hautement à tout le monde que vous aimez votre collège et que vous voulez le faire prospérer. » Le principal terminait en réclamant une salle nouvelle de physique... et des latrines pour sauvegarder la pudeur de ses filles, vu que celles du grand préau avaient été brûlées.

Le Conseil se contentait de faire des vœux en faveur de la prospérité du collège, de souhaiter une direction désormais stable, intelligente et habile, et de faire appel aux sympathies du public pour un établissement où les élèves recevaient une éducation chrétienne comme dans certains collèges rivaux ; on rappelait les résultats, la réputation acquise de longue date par des succès mérités (1).

M. Duprat voulait autre chose que des paroles

---

(1) La *Presse Grayloise* a toujours prêté son concours au collège, en publiant les résultats des examens; le résumé des palmarès, les mutations de professeurs, et, de 1855 à 1880, les places obtenues dans les compositions.

Mais le bureau d'administration repoussa comme injustifiées les modifications apportées par lui au budget du collège. Le principal se plaignit au Conseil, parla de ses efforts pour relever le collège, des rebuts essuyés par lui pour des améliorations matérielles indispensables, des manœuvres et des attaques dirigées contre son établissement. Rappelant qu'il avait amené à ses frais une école de français au collège, sachant bien qu'elle ne pourrait couvrir ses dépenses la première année puisqu'elle ne comptait que 26 élèves, il terminait ainsi : « J'aurai semé, d'autres récolteront. Mais las d'efforts et de sacrifices, je cède devant des difficultés insurmontables pour moi, qui s'aplaniront peut-être pour d'autres. » Le conseil municipal, qui avait aussi repoussé le nouveau budget parce que le Bureau n'avait pas donné son avis sur les changements opérés, dénonça au recteur la lettre du principal, comme renfermant « des expressions peu convenables, des insinuations perfides et malveillantes. » M. le préfet fut prié avec instance de provoquer le changement d'un maître avec lequel les rapports étaient si difficiles. M. Duprat fut mis à la retraite.

Le 2 octobre 1858, M. Blin, professeur d'histoire au lycée du Mans, fut nommé principal et chargé du cours de seconde (1). C'était un maître instruit, auteur d'un *cours d'études commerciales* et d'un *cours complet d'histoire et de géographie*, approuvé par Mgr l'évêque du Mans.

____

(1) M. Caron, nommé principal, n'avait pas occupé son poste, et M. Febvre avait été principal provisoire.

Il avait été professeur au collège Rollin ; mais, déjà un peu affaibli par l'âge, il ne déploya pas une assez grande énergie pour maintenir la discipline. L'excellent M. Blin avait même quelque peine à se faire respecter de son portier (1). Il voulait l'obliger à balayer dans l'intérieur, mais il était obligé d'écrire au Conseil municipal : « Je me heurte à chaque instant, au détriment de ma dignité et du bien du collège, contre un : *Je ne dois pas faire ceci, je ne dois pas faire cela;* » il faudrait un service de l'internat avec un domestique particulier, et un service de l'externat confié au concierge. » Le conseil municipal mit fin à ces dissensions (2) par un règlement. C'est à cette époque que M. Hustache fut nommé officiellement professeur de musique (1859), qu'une subvention de 600 fr. donnée par l'Etat fut répartie entre les maîtres (l'Etat n'ayant pas voulu toutefois payer la chaire de logique), que la rétribution mensuelle fut portée à 8 francs par mois, et qu'une *Association des anciens élèves du collège* fut organisée et réussit parfaitement pendant près de dix ans ; ses banquets annuels réunissaient jusqu'à une soixantaine de personnes qui s'intéressaient à l'enseignement et exprimaient avec beaucoup de franchise leurs vœux au sujet des améliorations jugées nécessaires. En 1860, le baron Charnottet s'élevait contre les neuf longues années d'études classiques et les racines grecques.

---

(1) Janiot, successeur de Baron, successeur de Lecomte.

[2] La classe élémentaire fut établie au premier (cabinet du principal actuel), dans la salle de la bibliothèque, dont les livres avaient été installés à la mairie en 1888.

Une réforme beaucoup plus importante, ce fut la réunion au collège de l'école primaire supérieure que M. Cazer dirigeait à Gray depuis 1842. En 1858 le conseil municipal s'était prononcé pour la troisième fois contre cette annexion, et disait : « C'est une institution spéciale qui tient le milieu entre celle des Frères et le collège ; son enseignement tout pratique diffère d'une manière essentielle de la méthode appliquée à l'enseignement des lettres ; son programme d'études est aussi plus avancé que celui d'un collège communal, car on y forme des sujets pour l'école des Arts et Métiers, pour les Ponts et chaussées, la Navigation ; et ces diverses administrations exigent une connaissance certaine de la géométrie descriptive, de la statique, du dessin de projection, sciences qui ne sont point professées dans les collèges; en outre les élèves qui suivent les cours de cette école appartiennent généralement à des familles peu riches qui ne pourraient les entretenir plus de 2 ou 3 ans en pension ; or, pour les conduire au terme de leurs études dans un laps de temps aussi restreint, il ne suffit pas de faire une classe de 2 heures matin et soir ; le professeur doit pour ainsi dire démontrer sans cesse et répéter sous toutes ses faces la même proposition à des jeunes gens qui n'ont pas fait d'études préliminaires et auxquels il faut enseigner en même temps jusqu'à la valeur des mots dont on se sert pour exprimer une pensée, etc... » Le Conseil constatait que les résultats obtenus aux examens prouvaient la bonne direction des études. Ce fut seulement en 1863 qu'une commission, qui prit pour rapporteur M. Louis Jobard, décida, sur

l'avis du recteur, que l'école serait annexée au
collège (1). Par mesure d'économie, plusieurs
classes de lettres furent géminées ; on vota 500
francs par an à M. Cazer tant qu'il serait régent
au collège. Il n'accepta point ces fonctions, qui
l'auraient mis dans une position fausse, et, grâce
à sa situation de fortune, il put pendant plusieurs
années ne point rentrer dans l'enseignement. Le
Conseil lui avait, d'un vote unanime, adressé des
remerciements pour les services qu'il avait rendus
à la Ville depuis vingt ans, pour le zèle et l'intelligence qu'il avait constamment apportés dans
l'exercice de ses pénibles fonctions.

Le collège semblait rentrer dans une voie de
prospérité. Un curieux incident mérite d'être rap-
porté. Le maréchal Pélissier, qui avait terminé ses
études à Gray, fit donner au collège par le ministre
d'État un buste de Napoléon III, œuvre du sculp-
teur Barre. Le conseil municipal montra son zèle
en votant 200 francs pour son inauguration, qui
eut lieu le 6 mars 1859, sous la présidence du
sous-préfet, en présence des fonctionnaires et des
magistrats.

Après une salve de coups de canon, la musique
municipale se fit entendre. Aux cris de *Vive
l'Empereur !* on fit tomber le voile du buste, que

---

(1) L'aumônier avait 500 fr., le professeur de logique 1.000,
celui de rhétorique et de seconde 1.600, celui de sciences
(1ʳᵉ chaire) 1.600, deuxième, 1.500 ; celui de 3ᵉ 1.500, celui
de 4ᵉ 1.400, celui de 5ᵉ et 6ᵉ 1.300, celui de 7ᵉ et 8ᵉ 1.300 ;
celui de la 1ʳᵉ division des cours professionnels, 1.000, celui
de la 2ᵉ, 800, celui de la classe primaire et classe préparatoire, 800, celui de dessin, 1 200, celui de musique, 700 ;
celui d'allemand 500.

le plus jeune des élèves couronna de laurier. Après
une allocution du sous-préfet, les élèves se for-
mèrent en orphéon pour exécuter cette cantate de
l'aumônier Racle :

(CHŒUR)

Amour, honneur et gloire à l'Aigle de la France.
Il fixe parmi nous sa noble aire de roi !
Prince, si ton image honore notre enfance,
Nos voix, nos cœurs, nos bras, notre sang est à toi.

I. — A. S. M. L'Empereur

(Strophe chantée par la section des grands)

La discorde en furie
S'agitait au grand jour.
Eteins ta torche impie,
Fille du noir séjour.
Du grand peuple des Francs les millions de suffrages
Elèvent au pavois l'Empereur de la paix.
Napoléon paraît : la gloire des vieux âges
Brille comme un soleil au milieu des Français.

(CHŒUR)

II. — A. S. M. L'Impératrice

(Strophe chantée par la section des moyens)

Mais quel bruit frappe mon oreille ?
J'entends de lugubres soupirs !
Ah ! si la discorde sommeille,
La souffrance fait des martyrs !
Seigneur, déjà pour nous tu suscitas un père ;
Pour combler nos désirs, donne-nous une mère.
Mais Esther vient régner : pauvres soyez heureux !
L'orphelin n'est plus seul, le malade respire,
La veuve est consolée. — En un pieux délire,
Tous, chantons les bienfaits de son cœur généreux.

III. — AU PRINCE IMPÉRIAL

(Strophe chantée par la section des petits)

> Sur la mer agitée
> Qu'aperçois-je?... un berceau....
> Ah ! si la vague enflée
> Lui creusait un tombeau !
> Non, Seigneur ; autrefois une fougueuse brise
> Ballottait sur le Nil le berceau de Moïse ;
> C'est toi qui le sauvas.
> D'un peuple entier il était l'espérance :
> Ce prince aussi est l'espoir de la France.
> Couvre-le de ton bras.

CHŒUR FINAL (*prière*)

> Dieu tout-puissant, qu'un céleste génie
> Ombrage de sa main l'enfant impérial.
> Que l'âme de *Louis* et le cœur d'*Eugénie*
> Forment, unis en lui, un prince sans égal.

Après la cantate, le principal fit une leçon sur la nécessité de l'obéissance au souverain, symbole vivant de la loi. M. Paul Febvre, élève de rhétorique, lut d'élégants vers latins. Puis il y eut salut à la chapelle, jeux de toutes sortes et buffet ouvert au préau. A la nuit, on illumina le portail, que dominait un aigle aux ailes déployées et couvrant ces mots : *Il nous protège.* « Les arbres de la cour d'entrée se sont chargés de lanternes vénitiennes, dit M. Roux dans dans *la Presse* ; et le fond a présenté, dessinées en feux de teintes diverses, les initiales entrelacées des noms de l'Empereur et de l'Impératrice. » Sur le préau, on fit des salves, un feu d'artifice, et on lança un ballon au chiffre impérial ; plusieurs milliers de personnes assistaient à cette fête.

Qu'est devenu ce buste? Sans doute il est dans le grenier de l'Hôtel-de-Ville et regarde avec une mélancolie philosophique ceux de Louis-Philippe, de Charles X et de Louis XVIII.

A la même époque M. Cournot, enfant de Gray, recteur de l'Académie de Dijon, présidait dans la grande salle le banquet des anciens élèves, auquel étaient invités les parents (16 octobre) (1).

Tels sont les principaux événements sous le principalat de M. Blin : l'âge de la retraite arriva pour lui. On accusait sa faiblesse d'avoir énervé la discipline.

(1) C'est M. Blin qui, ne voulant pas que les parents vinssent voir leurs enfants chez le concierge, créa le parloir (septembre 1859) et y plaça le fameux buste, avec un Christ et un cadre antique où étaient enfermés avec les noms des illustrations du collège, ceux des élèves qui avaient la première place aux compositions.

Nombre moyen des élèves de 1859 à 1862 : logique 4, rhétorique 8, seconde 8, troisième 8, quatrième 10, cinquième 10, sixième 10, septième 12, huitième 12, première 11, mathématiques, première chaire, 20, deuxième 40 (allemand 30, anglais 5, histoire 30, écriture 50, dessin 60, musique vocale 60, musique instrumentale 20.

Le nombre des élèves était d'environ 70 en 1862.

CHAPITRE IV

*Seconde période de calme et de prospérité. —
M. Mousseux principal (1863-1869) ; M. Favereau, son système, améliorations et créa-
tions ; nombre des élèves. — Désaccord entre
M. Favereau et le bureau d'administration.—
M. Favereau est remplacé par M. Berger
(1879). — Polémique locale : ses heureux
résultats. — Le collège est entièrement rebâti
et transformé.*

ONSIEUR Mousseux, âgé de trente-huit
ans, était déjà fort avantageusement
connu pour avoir relevé le collège de
Saint-Claude ; c'était par avancement
qu'il obtenait le poste de Gray. Son intelligence,
son libéralisme modéré, la prudence qui dirigeait
ses actions, le tact avec lequel il se comportait à
l'égard du bureau d'administration, lui valurent

bientôt la confiance des parents (1). Aussi le collège de Gray put-il se maintenir à un fort bon rang. Les élèves étaient généralement dociles, et le principal n'eut à réprimer aucun désordre grave. Les plus grands élèves étaient fort laborieux. M. Mousseux organisa une étude du soir pour ceux qui se préparaient aux examens ; il était parfois obligé d'aller arracher les élèves à leurs livres. Tant d'ardeur au travail produisit ses fruits : bon nombre de jeunes gens furent reçus aux examens, ou obtinrent des nominations au concours qui se faisait chaque année entre les établissements des académies de Strasbourg et de Besançon, et parvinrent même aux grandes écoles du gouvernement. L'association des anciens élèves applaudissait à ces efforts ; le Conseil municipal voyait avec plaisir l'état du collège (2).

Une visite du maréchal Forey, commandant du 6e corps, amena d'importantes améliorations matérielles. Le vainqueur de Puebla aimait l'enfance et s'intéressait à l'instruction publique. Il visita fort en détail l'intérieur du collège, et comme les classes finissaient à quatre heures, tous les professeurs se réunirent dans la cour et l'escortèrent.

(1) Le nombre des élèves, grâce à une discipline plus ferme, fut de 111 en 1863, 148 en 1864, 134 en 1865, 145 en 1866, 118 en 1867, 122 (133 au maximum) en 1868, 137 en 1869.

(2) Il est vrai que par suite de l'insuffisance de certains maîtres et de leurs fréquents changements, les élèves de l'enseignement spécial, qui étaient 81 en 1864, 80 en 1865, n'étaient que 53 en 1866 et 1867, 56 en 1868, 69 en 1869 : on reprochait à tort au principal de n'avoir pas su développer cet enseignement.

Le principal expliquait la distribution des pièces et montrait à l'illustre visiteur les dortoirs divisés en étroites cellules que séparaient des cloisons. Le maréchal s'écria, avec une brusquerie toute militaire : « Nom de D...! que c'est mauvais! » Quand il fut près de sortir du collège, il demanda à M. le maire Revon, en présence du préfet et des conseillers municipaux, si la ville n'allait pas bientôt faire des dépenses assez fortes pour la restauration de l'établissement. Le maire ayant répondu que le Conseil paraissait disposé à dépenser cinquante ou soixante mille francs, « M. le maire, dit le maréchal, je suis très content de l'apprendre et je vous en fais mes félicitations : c'est déjà quelque chose. Mais il serait bon de faire des réparations le plus tôt possible » (1865).

Le Conseil municipal fit détruire les trente-trois cellules du dortoir, mais ne jugea pas à propos de dépenser les soixante mille francs promis. Ce fut le principal qui établit à ses frais l'éclairage au gaz dans les études, où il y avait alors une trentaine d'internes.

Des cours d'adultes furent faits au collège par les professeurs, de 1866 à 1870, sous la surveillance du principal, qui n'était pour rien dans leur institution. Ces cours étant publics, beaucoup d'amateurs et d'hommes désœuvrés s'y rendirent, oubliant qu'ils n'étaient destinés qu'à la classe ouvrière : le public était attiré par la nouveauté de la chose et la curiosité. Mais certains cours, faits par des professeurs mal préparés à leur tâche, étaient fort soporifiques : ceux de géométrie plane, d'arithmétique et de géométrie pratique ne pouvaient être suivis avec succès que par des ouvriers laborieux. Ces leçons, données dans la salle de l'ancienne société philharmonique, qui se réunissait au collège à l'époque de MM. Charpy et Courlet, furent bientôt désertés (1).

M. le principal Mousseux n'aimait point l'enseignement spécial, peu distinct de l'enseignement primaire supérieur avant 1886 ; il jugeait sa méthode fausse, ses programmes illogiques, et la plupart de ses maîtres absolument insuffisants. Aujourd'hui ses idées seraient bien modifiées. Comme beaucoup de principaux, il était mécontent de l'immixtion du Conseil de perfectionnement dans la distribution des heures de cours et l'application des programmes. Il regrettait les bons résultats donnés par l'enseignement du français et des mathématiques au collège de Gray avant 1863 : il eût mieux valu conserver l'excellente école de M. Cazer.

L'Etat donna une subvention de 200 francs pour l'organisation de la gymnastique, 300 pour des instruments de physique, mais refusa de contribuer au traitement des professeurs de l'enseignement spécial, qui se maintenait depuis 1863, deux années avant son organisation par M. Duruy.

Grâce à la sage administration de M. Mousseux, le nombre des élèves était toujours à peu près le même et le budget ne variait presque pas. Vers la

____

(1) Sur 144 inscrits en 1866, 114 les abandonnèrent le premier mois ; il ne restait que 14 élèves à la fin de l'année scolaire. En 1869 il n'y en avait que 7. Néanmoins cette institution a été rétablie depuis et a donné de meilleurs résultats grâce à des programmes plus pratiques.

fin de son principalat il y eut quelques changements fâcheux dans le personnel. Le principal, malgré sa prudence, fut, si je ne me trompe pas, en froid avec certaines personnes influentes. Ainsi, le bureau d'administration exprima le regret que le curé de Gray, M. Liégeon, voulût réclamer la fermeture de la chapelle du collège et fit faire la première communion à l'église paroissiale, contrairement à l'ancien usage ; il y eut aussi d'injustes plaintes faites par la commission d'instruction publique au sujet de la négligence des exercices religieux, puis des réclamations à propos du rang des élèves à la procession de la Fête-Dieu. En 1869 le bureau décida qu'une commission se réunirait à l'Hôtel-de-Ville pour le classement des compositions finales ; le principal remit la liste des places obtenues, et corrigées par des commissions de professeurs que nommait le Bureau (1). Je cite ces menus détails pour montrer de quelles minuties s'occupait alors notre petite ville.

M. Mousseux avait contre lui des personnes mécontentes de certains professeurs qu'il voulait garder ; on lui lançait l'accusation banale de donner aux internes une nourriture insuffisante. L'administration académique n'avait aucun motif pour sévir contre M. Mousseux ; mais elle lui offrit une chaire dans un lycée, et le principal accepta cette offre (août 1869).

---

(1) **M. Mousseux** avait institué des examens semestriels que faisait passer sous sa présidence chaque professeur assisté de son collègue de la classe supérieure, pour apprécier les progrès et la force des élèves.

Les Graylois virent arriver après lui le principal du collège de Pontarlier, M. Placide Favereau, homme dans toute la force de l'âge, de taille imposante et d'aspect tout militaire. C'est que M. Favereau avait porté quelque temps l'uniforme. Bachelier à seize ans, il était entré dans l'Université, puis avait été lieutenant de mobiles en 1848. Blessé à la jambe devant une barricade aux journées de juin, il était rentré dans l'enseignement, mais avait conservé l'air énergique et la tournure martiale d'un officier. Muni d'excellentes recommandations, M. Favereau avait été précédé par sa réputation de *disciplinaire* et d'administrateur de premier ordre. Doué d'une assez grande facilité d'élocution, capable de persuader ses auditeurs à force de verve et d'autorité, M. Favereau déploya immédiatement un très grand zèle pour augmenter avant tout l'importance de l'internat. Il répandit partout ses prospectus, fit plusieurs voyages fructueux et parvint à recruter un bon nombre d'élèves. Dès le mois de novembre 1869, le Conseil municipal constatait que « ses efforts intelligents depuis qu'il était installé faisaient présager qu'il rendrait de nombreux services au collège. » Pour l'encourager, on lui accorda l'excédent des recettes si elles dépassaient 6.000 fr., jusqu'à concurrence de 7.000 ; et au-dessus la moitié. Le Conseil, en juillet 1872, rendait hommage « au zèle, au dévouement, à la bonne administration de M. Favereau, qui avait remis le collège dans l'état le plus florissant. » En effet, le nombre des élèves s'éleva un peu plus tard jusqu'à 230, chiffre qui n'a jamais été atteint. *La Presse*

Grayloise s'associait à ces hommages à l'occasion de la fête du collège et du banquet donné le 6 février aux élèves. (1) (Cette fête du 2 février n'a plus lieu maintenant).

La guerre n'avait pu interrompre le cours des études ; le collège resta ouvert. Sous l'inspiration de M. Favereau, les élèves abandonnèrent leurs prix en faveur des blessés et firent en outre une souscription pour eux. Les Allemands, lorsqu'ils occupèrent Gray, établirent une petite ambulance dans les bâtiments du collège ; néanmoins les cours ne furent jamais interrompus, ce qui à cette époque était un fait exceptionnel dans la région de l'Est. En 1871, le 11 août, on fit l'appel nominatif des élèves qui avaient mérité des prix, sans solennité et en présence du personnel de l'établissement, des membres de la Commission administrative et de ceux du Conseil de perfectionnement. « Cette fête, écrivait M. Auguste Roux, n'a pas eu son éclat ordinaire, mais précisément à cause de cela elle marquera profondément de son souvenir la vie de nos enfants et le reste de la nôtre. Qu'ils se rappellent la distribution des prix de 1870-1871, et qu'ils puisent dans les douloureuses circonstances qui l'ont condamnée au silence, la ferme volonté de profiter des leçons qu'ils reçoivent au collège, pour devenir des citoyens courageux, instruits, honnêtes et laborieux, des hommes en un

____

(1) La réunion des anciens élèves n'eut plus lieu depuis la funeste guerre de 1870 : je ne sais pourquoi M. Favereau ne fit point renaître cette utile institution.

Il y avait 141 élèves le 31 octobre 1869 ; il y en eut 174 dans cette année.

mot, car il leur incombe une large part dans la tâche de régénération de notre malheureux pays, dans le devoir du salut de notre société amollie. »

Peu de temps après l'année terrible, la prospérité du collège valait à M. Favereau les palmes d'officier d'académie. Comme le nombre des élèves s'était accru dans une proportion inespérée, les inspecteurs généraux témoignaient leur satisfaction au maire et au sous-préfet ; le Conseil municipal était heureux des éloges donnés à la bonne tenue du collège.

L'instruction religieuse, grâce aux préoccupations du moment, obtenait une large place ; tous les élèves étaient sévèrement astreints non-seulement aux offices du jeudi et du dimanche, mais encore à l'assistance au mois de Marie, ce qui faisait remettre les retenues à cinq heures du soir. Le professeur de la classe élémentaire surveillait cinq retenues, celui de la classe préparatoire, quatre par semaine. La sévérité de la discipline était qualifiée de dureté par les élèves, qui en venaient à des sentiments de haine envers le principal, l'aumônier, les professeurs et le collège même. M. Favereau, grâce à son énergie, parvint même à obtenir un complet silence dans la grande cour, lors de la rentrée et de la sortie des classes ; lui-même il lisait, à dix et à quatre heures, la liste des élèves punis (1). Cependant cet homme à la

____

(1) Par une froide soirée d'hiver, M. Favereau faisait rester les élèves une demi-heure immobiles, ponr les punir d'avoir été trop remuants. On murmurait : mais sa voix seule et son regard terrifiaient les plus mutins.

main de fer s'humanisait un peu avec les plus grands élèves, et surtout avec ceux d'entre eux qui étaient internes. Son système, inspiré de la discipline des lycées impériaux, serait difficilement applicable aujourd'hui.

L'infatigable principal réglait les moindres détails et surveillait tout : rien n'échappait à son activité. Il savait tenir en haleine les maîtres d'études comme les professeurs, en tombant à l'improviste au milieu d'une étude ou d'une classe. Chaque semaine, il passait dans toutes les salles, et les élèves paresseux ou récalcitrants étaient certains de recevoir une punition sévère. M. Favereau n'hésitait pas à chasser tout élève rebelle, comme à signaler tout maître qui lui paraissait négliger ses devoirs. Son tempérament emporté lui fit même faire des fautes : incapable de céder à un contradicteur, fût-il un homme très influent, il avait le tort de traiter fort rudement certains maîtres devant les élèves. Mais d'étonnantes qualités faisaient passer sur ce défaut.

Ce fut grâce aux démarches de M. Favereau que l'enseignement spécial fut complété. En 1868 il comptait 33 élèves ; en 1870, 50, et ce nombre augmenta. Au moyen de 800 francs donnés par l'Etat et d'une somme égale fournie par la Ville, une chaire de sciences physiques fut créée pour l'enseignement spécial et confiée à un excellent professeur, M. Darney (1872). De 1869 à 1876, des cours d'arboriculture furent faits par M. Laurent. La Chambre de commerce votait 45 francs par an pour des prix, et chargeait son secrétaire, M. Eugène Perron, qui s'occupait beaucoup des questions d'enseignement, d'en faire un choix éclairé (1871). Le nombre des élèves ayant diminué, le bureau d'administration proposait en 1876 de créer des bourses; deux ans plus tard le Conseil municipal nommait une sous-commission composée de MM. Brulard, professeur, Renaud, maire, Eugène Perron, membre du conseil de perfectionnement, pour aller étudier en détail les écoles professionnelles de Reims.

Pour l'enseignement classique, M. Favereau, ne pouvant obtenir le dédoublement des chaires, dut se borner à le maintenir sur un bon pied (1). Il conserva plusieurs professeurs assez anciens qui formaient comme les cadres du personnel. C'étaient M. Coudry, qui a déployé tant de zèle pour préparer aux examens les candidats, et dont la méthode sévère mérite les plus grands éloges; M. J.-B. Rabbe, ancien boursier de la Ville, qui professa près de trente années dans son collège, payant ainsi avec usure la dette qu'il avait contractée; M. Roche, qui fut dix-neuf ans professeur de sciences; M. Benjamin Febvre, professeur de rhétorique pendant plus de vingt ans; M. Simon, professeur d'enseignement spécial pendant seize ans; M. Vuilleminot, professeur de la classe élémentaire depuis 1865, excellent maître dont la patience et la bonté ont laissé dans le cœur de

---

(1) Après le départ de M. Grand, jeune professeur, auteur de *Panthéisme et matérialisme* (1869), M. Favereau professa la philosophie de 1870 à 1879, avec un très grand succès.

ses anciens élèves des souvenirs qui ne s'effaceront jamais.

Le Conseil municipal augmenta en 1870 les traitements de ces maîtres; la chaire de 7e fut séparée de celle de 8e en 1877 ; la même année une chaire d'histoire, réclamée depuis 1845, fut créée et confiée à M. Narcisse Febvre ; la classe de M. Vuilleminot était tellement prospère, qu'elle compta 54 élèves et qu'il fallut confier la section inférieure à un professeur adjoint. M. le rabbin Marx fut aussi adjoint à M. Coudry comme professeur d'allemand (1877); mais une chaire spéciale fut créée en 1879. Enfin, M. Hustache, professeur de musique, organisa en quelques mois la *Fanfare du collège*, qui fut très appréciée des habitants de la ville.

Toutes ces dépenses furent votées par le Conseil municipal. Vainement M. Vannesson, membre du bureau d'administration, avait demandé à trois reprises (1871, 1872, 1873) que l'arrondissement vînt en aide à la Ville ; ce qui serait de toute justice, puisque la plupart des internes viennent du dehors. Le Conseil municipal s'occupa aussi, depuis 1872, de développer l'enseignement de la gymnastique.

En 1878, il décida que tout jeune homme de la ville, pourvu qu'il fût méritant, que ses parents fussent peu aisés, et qu'il eût un certificat d'études. pourrait suivre les cours du collège sans rétribution (1). On voulait plus d'heures de classes dans

---

(1) Auparavant, les fils d'employés de la Ville étaient exemptés de toute rétribution scolaire ; on pouvait admettre en outre à cette faveur dix enfants d'ouvriers.

l'école élémentaire, pour que l'émulation avec celle
des Frères fût excitée (1).

Une famille qui s'intéresse à l'enseignement, la
famille Schwob, donna au collège 105 francs de
rente 5 0/0 pour fonder quatre prix de mathématiques, à condition que les maîtres resteraient
laïques (23 juin 1876).

L'augmentation du nombre des élèves avait
amené de notables améliorations matérielles.

On aménagea un troisième dortoir, et trente-
quatre lits furent achetés ; une nouvelle étude
fut créée. La disposition de certaines classes fut
changée. Le principal, qui avait une nombreuse
famille, occupa la salle de l'ancienne bibliothèque,
où était la classe élémentaire, et y établit son
bureau (2). Un vestibule fut converti en lingerie,
et l'oratoire en salle de classe. Le Conseil municipal, en 1872, fit sentir discrètement à M. Favereau
qu'on ne pouvait lui donner de plus vastes appar-
tements.

Une commission permanente, composée de MM.
Renaud, Merlin, Noir, Petiet, Brésard, fut nom-
mée par le Conseil municipal et dut être saisie de
toutes les réclamations qui pourraient être faites
au sujet du collège. On rejeta une demande de
remise sur la rétribution collégiale payée par les
internes, attendu que le principal pouvait élever
le prix de la pension, et que « les relations entre

----

(1) M. Favereau écrivit au Conseil qu'il y avait six
heures de classe et non quatre comme la commission le
disait. Mesquines tracasseries de petite ville !

(2) M. Favereau avait cinq enfants ; il était secondé par
une épouse intelligente.

lui et les pensionnaires étaient complètement
étrangères à la municipalité (4 novembre 1873).

Il fut décidé en 1875 que la distribution des
prix aurait lieu désormais au théâtre, et non plus
au préau ; en effet, les spectateurs n'étaient pas à
l'abri des intempéries. Mais au théâtre les élèves
n'ont pas assez de place et ne peuvent aborder que
difficilement la scène lorsqu'ils vont chercher leurs
prix. « La lumière d'un jour blafard, écrivait
M. A. Roux, n'éclaire qu'insuffisamment et inéga-
lement la scène, laissant voir le décor dans toute
sa crudité et les arêtes des objets dans toute leur
dureté : la chaleur est étouffante. » On eût évité
cette chaleur en faisant comme vingt années auparavant la distribution des prix dans la chapelle :
personne n'avait critiqué cette mesure.

Personne aussi ne blâma M. Favereau d'associer
les élèves à des œuvres patriotiques ou charitables :
ils souscrivirent pour le rachat de la maison où
naquit La Fontaine (1870), pour l'œuvre des
Femmes de France (1872), pour les incendiés
d'Apremont et les inondés du Midi (1875).

Cependant il est bien rare qu'un principal reste
dix années dans une ville sans acquérir une collection d'ennemis (1). M. Favereau, à la suite de
plusieurs réclamations des parents, fut un jour

(I) En juin 1878, la commission du Conseil municipal
disait que l'enseignement spécial donnait de mauvais résultats. M. Favereau, fournit alors une liste de 10 élèves
reçus sur 16 présentés : les échecs étaient causés par la
difficulté des questions de sciences.

L'administration académique voulait faire donner à
M. Favereau un autre poste, par avancement.

interrogé par le bureau d'administration (13 décembre 1878) qui lui demanda s'il était vrai qu'il exigeât de tous les élèves cinq francs pour le chauffage. M. Favereau répondit que cela ne regardait pas le bureau, et contesta même la légalité de sa réunion (sans doute parce qu'il avait été décidé, le 12 mai 1877, qu'à l'avenir il serait convoqué par le principal sur l'avis du maire et du sous-préfet, pour se réunir au collège et non plus à la sous-préfecture). Sommé de faire savoir s'il avait vendu divers objets aux élèves, et à des prix que l'on jugeait trop élevés, M. Favereau fit la même réponse. Le bureau le pria de se retirer, puis rédigea un procès-verbal constatant que le principal n'a, à aucun degré, qualité pour adresser des remontrances à la commission administrative ; que l'arrêté du 19 vendémiaire an XII dit qu'elle se réunira quand elle le jugera convenable. Le bureau nie que les arrangements pécuniaires concernant le pensionnat ne regardent que les parents et le principal, regrette son refus de répondre, et « blâme son attitude passionnée au sein de la commission. »

Pendant une année, les membres du bureau refusèrent de venir au collège ; M. Favereau, qui avait contre lui de puissantes inimitiés (les convenances ne me permettent pas d'en dire davantage) fut alors en mauvais termes avec le Conseil municipal. Vainement un groupe de pères de famille demanda par une pétition au recteur le maintien du principal, et rappela ses éminents services (1) :

(1) Nombre des élèves : 1869-70 : 174 ; 1870-71 : 192 ;

la position n'était plus tenable. M. Favereau fut nommé principal à Commercy et remplacé par M. Berger (principal actuel), qui avait déjà exercé les mêmes fonctions dans plusieurs villes. Comme j'ai eu l'honneur d'être sous les ordres de M. Berger, je dois m'abstenir de lui donner ici les éloges qu'il mérite, car je serais suspect de partialité.

Quant à M. Favereau, il ne reparut plus à Gray, et dirigea successivement les collèges de Commercy (1880-1882), de Clermont-l'Hérault et de Fontenay-le-Comte. Il est aujourd'hui retraité et retiré à Bourbonne-les-Bains.

L'administration de la Ville n'eut plus de rapports avec lui, si ce n'est pour lui réclamer assez vivement une vieille console qu'il avait emportée à Commercy. M. Favereau la renvoya, en disant : « Je n'oublie pas plus mes échéances et mes promesses que les sottises gratuites et intéressées qui me sont faites (1). »

1871-72 : 214 ; 1872-73 : 230 ; 1873-74 : 218 ; 1874-75 : 186 ; 1875-76 : 175 ; 1876-77 : 168 ; 1877-78 : 167 ; 1878-79 : 161. Le collège redevenait à peu près ce qu'il était avant M. Favereau.

(1) C'est ainsi qu'on avait aigrement réclamé à M. Mousseux une somme de 20 francs pour des carréaux cassés. L'ancien principal répondait qu'un architecte avait constaté l'état des lieux au moment de son départ, que quatre vitres cassées valaient trois francs et non vingt. « La lettre de M. le maire, disait-il, surprend un homme qui n'a fait de mal à personne et a fait tout le bien qu'il était en son pouvoir de faire ; bon nombre de conseillers municipaux ne doivent pas l'ignorer, à moins qu'ils n'aient été circonvenus par la malveillance, hélas ! si commune. »

M. Mousseux faisait sans doute allusion aux reproches qu'on lui avait adressé relativement à la diminution du

Depuis près d'une année, le Conseil municipal agissait comme si M. Favereau n'était plus en fonctions. Dès le 12 février 1879, il émettait le vœu que la chaire de philosophie ne fût plus confiée au principal « dans la prévision du changement probable de ce chef d'établissement. » On projetait de grandes améliorations, et dès l'année précédente on avait fait venir de Paris M. Degeorges, architecte de l'Ecole Monge. Le Conseil demandait au ministre d'autoriser les travaux projetés, et M. le maire Renaud était invité à faire des démarches pour obtenir que l'Etat fît à la Ville la cession de la nue-propriété, ou s'engageât tout au moins à contribuer aux dépenses. Mais l'Etat ne voulait pas renoncer à ses prétentions (1). Or le plan supposait une dépense de 160.000 francs; le Conseil municipal, bien que le recteur jugeât la cession inutile, vota une dépense spéciale de 32.000 francs, à continuer pendant cinq années, et commença par faire établir un calorifère, qui coûta 2.370 francs. Le prix de la pension fut élevé de 400 à 460 francs, et le Conseil municipal exprima l'espérance que les internes ne seraient plus assujettis au paiement de notes

nombre des élèves de l'enseignement spécial : il avait répondu que si les cours spéciaux avaient perdu 29 élèves en deux ans, la cause en devait être attribuée à l'inexpérience et aux fréquents changements des maîtres (Voir le tableau du personnel, à la fin de cette notice).

(1) Ainsi que M. Renaud a bien voulu me l'écrire : « La décision de 1847 est définitive. Elle a l'autorité de la chose jugée, et il faut s'incliner, quels que soient les bons arguments qu'on a pu faire au cours de la discussion. »

abusives : la sage administration de M. Berger
réalisa ces vœux. En 1886, le bureau d'administration a jugé la nourriture suffisante et bien
préparée. Cependant, le 25 mars 1880, le ministre
écrivait au recteur que la création d'une caisse des
lycées et collèges déciderait la Ville à renoncer au
fractionnement des dépenses. Le Conseil municipal
demanda une subvention à l'Etat, puis fit commencer les travaux par la démolition de l'aile
droite des bâtiments. Le 17 juillet 1880, on posa
la première pierre, en présence du préfet, M.
Michel, de M. le recteur Jacquinet, de M. l'inspecteur d'académie Gailliard. Après que la musique
de la Ville eut fait entendre ses plus beaux morceaux, M. le maire Renaud, en présence des nota-
bilités du pays, rappela l'historique de l'ancien
collège, son rétablissement, ses diverses vicissi-
tudes. « Nous n'avons pas oublié, dit-il, que Gray
est placé au milieu d'une contrée qui possède des
richesses considérables ; que la vitalité de son
collège est garantie par son passé ; que son enseignement est sympathique aux habitants ; que
non-seulement sa fondation est en partie le fruit
de donations, mais que, depuis une date récente,
des legs ont été faits à son profit. Il suffit de citer
les noms des Beuchey et des Schwob, sans compter
les offrandes anonymes qui chaque année viennent
augmenter les prix portés au palmarès.... On hé-
site parce que le collège semble être le monopole
de la classe aisée. Mais le Conseil ne marchande
pas la remise de la rétribution si l'élève s'en
montre digne ; l'administration vote des bourses
pour l'enseignement professionnel ; l'enseignement

primaire est gratuit dans cet établissement. »

M. le préfet Michel exprima des idées du même ordre, parla de la bienveillance du gouvernement et dit enfin : « Nous avons beaucoup à faire si nous voulons éviter, dans l'intérêt même de notre société, la perte de certaines intelligences heureuses, auxquelles il n'a peut-être manqué que la fréquentation d'une bonne école pour se développer et grandir. »

Les travaux marchèrent assez rapidement ; mais les dépenses, évaluées à quatre mille francs, s'élevèrent à dix-huit mille pour la démolition de l'aile droite, dans laquelle on installa (1881) la nouvelle école primaire laïque, qui n'avait aucun local à sa disposition (1). Un procès coûteux, soutenu par la Ville contre les Frères, fit hésiter de nouveau les administrateurs, qui reculaient devant les dépenses exigées par la reconstruction du collège tout entier. En même temps la Ville avait un autre procès avec M. Delanne, voisin du collège, à cause de l'occupation d'un treige commun, et elle perdait ce procès.

C'est alors que commença, en octobre 1881, une très vive polémique, à laquelle prirent part des professeurs. *Le Républicain de la Haute-Saône*, déplorant les abus du *grattage* que l'on reproche aux principaux, ainsi que l'insuffisance de jeunes professeurs, demandait la création d'écoles normales pour les former, la transformation des bons collèges en lycées, les secours de l'Etat pour l'a-

______

(1) La construction d'une nouvelle salle de physique date de cette époque. M. Bénard était architecte de la Ville.

mélioration du matériel. Ce journal, regrettant l'isolement intellectuel des professeurs, incapables, selon lui, de lutter contre la concurrence des lycées, concluait en réclamant l'abandon du collège à l'Etat, et citait Duruy, Jules Simon, Bréal, Ferneuil, Cournot, Bersot, Deltour.... Cependant l'enseignement du collège de Gray n'était pas tellement inférieur, car huit élèves sur neuf étaient admis au certificat de grammaire, avec éloges du président de la commission d'examen, qui plaçait le collège de Gray à la tête de tous les collèges de l'Académie. En réalité, il n'y avait que deux causes de décadence : l'insuffisance de certains professeurs venus dans les derniers temps de M. Favereau (on comprend que je ne veuille point citer leurs noms) et des mutations trop fréquentes chez les jeunes maîtres.

Aucun journal ne pouvait parler de ces misères. *L'Indépendant* souhaitait que le collège fût mis en régie (idée excellente et qui sera reprise un jour). *La Presse Grayloise* insérait un article attribué à un professeur, et citant une soixantaine de jeunes, élèves du collège, qui avaient une position honorable dans une administration. Mais *le Républicain* répondait : « Ce qui fait la fortune d'un pays, ce n'est pas le nombre des fonctionnaires, mais bien celui des agriculteurs, des industriels et des commerçants. »

D'accord avec *le Républicain*, M. le député Versigny adressa une pétition au Conseil municipal, pour demander la transformation du collège en école d'agriculture, attendu que beaucoup d'élèves augmentaient le nombre des déclassés, des quémandeurs de places, que le collège ne pouvait lutter contre les lycées voisins, qu'il coûtait 36.000 francs par an, que l'enseignement ne répondait pas aux besoins généraux de l'arrondissement.

M. Edmond Gardien, le jeune rédacteur de *l'Indépendant*, répondait à M. Versigny que l'enseignement classique et l'enseignement spécial au collège de Gray étaient analogues à ceux des lycées (moins la préparation à Saint-Cyr et à l'Ecole Polytechnique). Il jugeait peu démocratique de supprimer le collège, moins cher que le lycée pour de petites bourses, ajoutait que les internes et leurs parents faisaient à Gray beaucoup de petits achats, et que la Ville était loin de dépenser 36.000 francs. Il rappelait qu'il y avait eu depuis dix ans 29 bacheliers ès-sciences, 60 bacheliers ès-lettres sortis du collège de Gray. Comme conclusion, il réclamait le maintien de l'enseignement classique, mais la création d'une école professionnelle (peu nécessaire, me semble-t-il, dans une ville sans industrie) ou bien la transformation de l'école municipale en école supérieure (31 mai 1884).

A cette époque, j'aurais souhaité simplement le maintien des classes inférieures de l'enseignement classique (il est vrai qu'elles auraient été abandonnées pour les lycées voisins) et la création de nouvelles chaires pour compléter l'enseignement spécial lorsque ses programmes auraient été remaniés. Tout a bien changé depuis.

M. Pierre Revon, président de la Chambre de Commerce, demandait que l'enseignement commercial fût plus complet et donnât aux jeunes gens un certain nombre de connaissances théoriques sur l'économie politique, la jurisprudence commerciale, la géographie. Ses idées étaient fort justes : mais on ne peut imputer aux professeurs du collège l'abandon de la pensée de M. Duruy : que l'enseignement spécial doit se plier aux exigences des différentes localités. Évidemment, l'enseignement commercial, à Gray, s'adresse à beaucoup plus de jeunes gens que l'enseignement professionnel (1). Quant à l'enseignement agricole, le département a l'école de Saint-Remy, trop peu connue encore.

Une commission du conseil municipal, composée de MM. Febvre, Barat, Mourget, Froyard, Lévy, examina le projet de M. Versigny. Cependant il répugnait aux Graylois de renoncer à leur collège trois fois séculaire ; le Conseil réclama deux fois en 1885 le secours du gouvernement pour le rebâtir, et fit faire l'année suivante les plans de reconstruction par M. l'architecte départemental Eugène Bertrand (ancien élève du collège). Le devis s'élevait à 115.000 francs. La Ville se proposait de contracter un emprunt au Crédit Foncier pour une durée de 30 ans, et de le rembourser au moyen de cinq centimes extraordinaires établis pour cette période.

Le gouvernement accorda l'année suivante 1.000 francs pour le laboratoire. Les plans de M. Bertrand furent approuvés. Mais l'administration exigea des

---

(1) On ne doit pas oublier que le ministre, en 1886, a entièrement remanié les programmes de l'enseignement spécial.

changements devant entraîner une dépense de 7.000 francs, plus un vingtième de la dépense, pour parer à l'imprévu. Le total fut donc de 132.515 francs 46 centimes. Le Conseil municipal s'engagea formellement à supporter la moitié de la dépense, l'Etat devant prendre à sa charge l'autre moitié. Seul, M. l'adjoint Jardel protesta énergiquement, disant que l'Etat devait au moins reconnaître que la Ville était propriétaire de son collège. Grâce à la sollicitude de M. le maire Signard pour l'instruction publique, au zèle de M. l'adjoint Couché et de M. l'architecte Bertrand, les travaux ont été commencés la même année. La façade a été démolie pour donner plus d'air et de lumière (1887) ; le sol de la cour a été abaissé pour que le niveau des classes fût relevé d'autant ; l'un des bas côtés de la chapelle a été prolongé, pour servir de logement au concierge ; le bâtiment au fond de la cour est entièrement restauré ; des fenêtres aux larges baies remplacent les anciennes, et l'on voit, au-dessus de la vieille porte restaurée, l'écusson de notre ville, sa confiante devise, les dates de la fondation du collège. Un nouvel étage est construit (1888). Une haute grille d'aspect, donnant sur la Grande-Rue, permettra d'apercevoir le campanile élégant qui surmontera cette partie de l'édifice. Un préau couvert a été bâti ainsi qu'un atelier pour les travaux manuels. La création de nouvelles latrines, l'agrandissement des dortoirs, l'établissement d'une salle de bains de pieds, d'une salle de dessin, d'une bibliothèque, satisfont aux exigences de l'hygiène et de la pédagogie. On ne pourra plus dire avec J.-B. Dornier, qui publiait en 1836 son

Essai historique : « Les jardins sont placés sur un ancien bastion, dominent tout l'édifice, interceptent l'air et la lumière, rendent la maison malsaine, désagréable et peu propre à l'usage auquel elle sert. » C'est tout le contraire qui sera vrai : grâce à ces dortoirs vastes et bien aérés, à ces nouvelles salles de classes construites selon les exigences modernes, à ce magnifique préau qui domine la vallée de la Saône, le collège de Gray, par son confortable, sera placé au rang des meilleurs collèges de province. L'enseignement classique convient à ceux qui veulent être notaires, avocats, médecins, juges ou administrateurs ; la prudence des parents doit juger s'il ne faut pas confier un enfant aux professeurs de l'enseignement spécial, qui prépare au Commerce, à l'Agriculture, à l'Industrie, aux écoles d'Alfort, des Arts et Métiers, d'Agriculture, aux Télégraphes, Postes, Ponts et Chaussées, Chemins de fer, aux brevets de capacité et supérieur (1).

Soumis à une discipline vigilante et paternelle, les élèves ont pour professeurs des gradués de l'Université, munis, pour les hautes classes, du diplôme de licencié. On sait que tous les programmes ont été fort heureusement remaniés (2).

---

(1) Le prix de la pension est de 400 fr., celui de la demi-pension de 270 (ou de 350) ; l'externat surveillé coûte 20 fr. par trimestre. La rétribution scolaire va de 30 à 100 fr. Voir le prospectus de 1880.

(2) La discipline du collège, moins dure qu'autrefois, développe le sentiment de la responsabilité.
Les anciens cachots du collège font penser à ceux de Louis-le-Grand *« froids, obscurs, périlleux, indestructibles »*

J'en ai assez dit pour faire voir que l'avenir du collège est assuré, grâce à une municipalité libérale, qui ne recule pas devant les dépenses lorsqu'il s'agit d'assurer la prospérité d'un semblable établissement. On me permettra, en qualité d'ancien élève du collége, tout dévoué à ses intérêts, d'émettre seulement quelques vœux :

Que la Ville le mette plus tard en régie, avec ou sans le concours de l'Etat, attendu que les collèges en régie sont plus stables, et que le principal n'est jamais en butte à des accusations parfois fort injustes. Que le collège prenne le nom de Cournot ou de Bour. Que la Ville répande à ses frais, dans toutes les communes importantes de l'arrondissement, de nouveaux prospectus, avec dessin, représentant le nouveau collège : qu'elle fasse insérer des articles dans les journaux. Qu'elle réclame une subvention (Attendu que le Conseil d'arrondissement s'est montré deux fois déjà favorable à cette idée).

Que des Graylois amis de la science viennent en aide à la Ville, non par des dons de prix d'honneur (parfois peu mérités) mais par des donations

comme le dit Maxime du Camp. On y lit des noms burinés pour des siècles par l'ennui des prisonniers : Racine, Maguet, 1744 ; Jouardet, 1777, Millardet, 1783 ; César Cornet (deux fois) ; Dautel, Ormancey, 1786 ; Raclot, 1790 ; Tibord, 1820 ; Petit, 1818 ; Gaucheron, 1809 ; Bergeret, 1808 ; Perron, 1814 ; Gremailly, Aubert, etc. Plus loin est un autre cachot plus obscur encore mais dont les dates sont contemporaines. Bien des larmes ont coulé dans ces vilaines caves ! Mais dans tous ces noms qui rappellent de mélancoliques souvenirs, pourquoi n'y a-t-il pas un seul nom d'homme remarquable ?

et des legs, pour subvenir aux dépenses de l'instruction publique (1). Que la Ville, exigeant l'exécution stricte des lois et des règlements, ne tolère aucune concurrence interdite par la législation.

Que tous les amis de l'instruction sachent se grouper et échanger leurs vues, sans préjugés de parti. L'auteur de ce livre veut rétablir l'association des anciens élèves, qui a duré de 1859 à 1870. Je m'empresse d'ajouter que la réalisation de tous ces vœux n'est pas absolument indispensable pour le succès de ce collège si cher à tous mes compatriotes.

(i) A Montbéliard, une souscription pour le collège a produit 130.000 francs, et une personne a légué 100.000 francs pour les divers enseignements (1873-1883). Le collège Cuvier, rebâti, a été mis en régie et est devenu prospère.

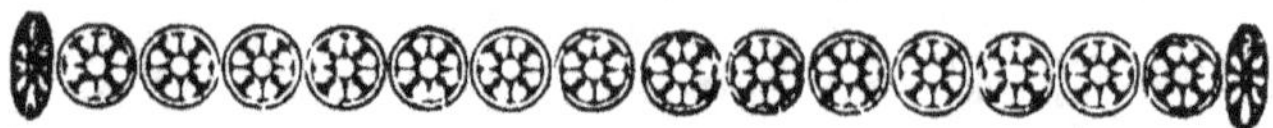

BUREAU D'ADMINISTRATION

1805 : Fr. Vannier, principal ; Crestin, sous-préfet ; Regnaud, juge ; C.-F. Jouart, notaire ; Denizot, maire. 1827 : Alex. Garnier, maire ; Garnier, président du tribunal ; Bourdot, procureur du roi ; Guillot, curé ; Dubois, prêtre ; Crestin, ancien magistrat (puis Jouart, notaire, puis Fournier, juge). 1831 : Dufournel, conseiller général, baron Charnotet, conseiller d'arrondissement, Lapenne, Chabaud, conseillers municipaux ; docteur Ch. Lamarche, délégué du recteur ; 1832 : Darche, sous-préfet ; Demoly, Mugnier, Guillot, Fournier, Voilliard, Revon ; 1845 : Bridan, président ; de Barberey, sous-préfet ; Mugnier, procureur du roi ; Verneret, curé ; Fournier, avocat ; Courlet, principal ; 1865 : Passelac, sous-préfet ; Revon, maire ; Four, curé ; Mugnier, président du tribunal ; Fournier, avocat ; Bridan père, ancien juge ; Lompré, juge de paix ; Thibaulot aîné, né-

gociant ; 1870 : Passelac, sous-préfet ; Louis Jobard,
maire ; Renaud, adjoint ; Liégeon, curé ; Vannesson, président du tribunal ; Bridan, ancien juge ;
de Morainville, juge de paix ; Favereau, principal.
1877 : Burlet, sous-préfet ; Jobard, Renaud, Liégeon, Bridan, Fromentel (médecin) ; Petiet ;
avocat ; Régnier, avoué ; Mugnier, ancien présid[t] ;
Favereau ; 1882 : Billout, s.-pr. ; Signard, maire ;
Barat, conseiller général ; Fromentel, Renaud,
avocat ; Bertin, médecin ; Febvre, ancien professeur ; Berger, principal ; 1888 : Waltz, sous-préfet ;
Signard, maire ; Fromentel ; Renaud, ancien
président du tribunal ; Oury, sous-ingénieur des
ponts et chaussées ; Lassalle, agent-voyer en retraite ; Berger, principal.

CONSEIL DE PERFECTIONNEMENT

DE L'ENSEIGNEMENT SPÉCIAL

1869 : L. Jobard, maire, président du Conseil d'arrondissement; Trayvou, négociant, président de la Chambre et du Tribunal de commerce; Bourgoin, négociant, membre de la Chambre de commerce; Pichat, M., négociant, adjoint, membre de la Chambre de commerce; Eugène Perron, receveur municipal, secrétaire de la Chambre de commerce; Maillot, architecte; Lefèvre, directeur de la bergerie impériale de Chambois; Reverchon, ancien élève de l'école polytechnique, maître de forges; René Petit, ancien élève de Grignon, fabricant de sucre.

1872 : L. Jobard, Renaud, M. Pichat, E. Perron, Millot, Oury, Bourgoin, Noir-Anney, Favereau.

1873 : Fromentel, Louis Revon.

COMITÉ DE PATRONAGE

1888 : Signard, maire; Millot, constructeur mécanicien; Bertrand, architecte; Vaucaire, adjoint; Olivier, conseiller municipal; Jacquot, commerçant; Berger, principal.

BACHELIERS DEPUIS 1840

1840 : J.-B. Rabbe, Dupré, F. Versigny.

1841 : More, A. Versigny, A. Lamarche, Lobereau, Faton, Chambard.

1842, 28 août : Fr. Caroillon, Em. Girardot, Alex. Charles, Fr. Meneret.

1843, 27 août : F. Bergeret, D. Michaud, A. Jannot, L. Robert, A. Boichut.

1844, 27 août : L. Foy, A. Lamarche, L. Charles, E. Deferrière.

1845, 27 août : G. d'Adeler, Ph. Bolomier, Fr. Jolyot, J. Petitjean, J. Reuche, J. Bornier, V. Legros, A. Buchet.

1846.... 1847.... 1848 : Al. Lompré, de Semur, A. Jeanniot, E. Léonard, A. Quivogne, J.-B. André.

1849 : E. Bour, E. Voilliard, J.-B. Leblanc, Ch. Mugnier, J. Perrod, P. Drouhard.

1850 : A. Landrot, E. Robert, etc.

1851.... 1852, 21 août : Joseph Bertin, Félix Bour, Narcisse Febvre, Ant. Guyot, Gustave Vuillaume.

1853 : E. Charlemagne, A. Chofardet, (T. B.) Félix Bour, (bac. sc.), E. Charlemagne (id.), Détray, Schwob, (bac. sc., B.).

1854 : Bousigon (bac. sc.), Schwob (bac. l. B.).

1855.... 1856.... 1857 : R. Bridan, A. Mariotte, Rousselet, Thevenot. R. Mariotte, (bac. sc.).

1858.... 1859 : M. Signard, Cl. Raclot, A. Voinchet, L. Pyard, L. Roland.

1860 : Demay (bac. l.), Menez (bac. sc.), A.
Menez (bac. sc.), G. Duprey, Paul Febvre (b. l.).

1861 : G. Boichut, M. Roland, L. Humbert (b. l.),
Ferd. Bour, J. Milton (bac. sc.).

1862.... 1863 : G. Chaulard.

1864 : Attalin (bac. sc.), Paris (bac. l. B.),
Febvre (bac. l. B), Tresse (bac. l.), Attalin (b.
sc.), Périlloux (brevet), Pyard (Postes), Bresson
(contributions indirectes).

1865 : Jobard, Foret, Chambard (b. l.), J. Febvre
(b. sc.), E. Bernard, Alex. Bruley, L. Forest,
E. Jacoulet (École des mines).

1866 : (bac. l.), Quivogne, (b. sc.), G. Chambard,
G. Humbert, A. Boileau, G. Quivogne, A.
Chambard. Pharmacie milit. : G. Chambard.
Télégraphe : L. Foret. Saint-Cyr : Arragon.

1867 (b. s.) : Jannet, P. Bresson. École de Santé
militaire : Quivogne, J. Febvre, E. Bernard.
Enregistrement : Attalin, Tresse. Alfort : Lou-
vot.

1868 (b. l.) : L. May, L. Vigneron, E. Causeret,
A. Boichut. École de santé militaire : Jannot.
Contrib. indir. : P. Bresson, Duchâtelet.

1869 (b. l.) : A. Causeret, C. Degoix ; (b. s.) : A.
Causeret (A. B.), Degoix, Grosvillemin.

1870 (b. l.) : Kornprobst, Halley, L. André, Gi-
boulet; (b. s.) : Mairet, J.-B. Doublot. Domaines :
A. Boichut.

1871 (b. l.) : A. Cazer, A. Sauzay, de Morainville,
F., J. Renaud, (A. B.), J. Berger, G. Vannesson.
(B. s.) : A. Huot, Monget, Vivot. Postes : Ma-

rienne. Pharmacie : Rousseau. Châlons : Fr.
Michaud.

1872 (b. l.) : E. Barisien (A. B.), P. Cros (B.), G.
Bresard (A.B.). (b. s.) : J. Renaud (A B.), Carret,
A. Cazer, J. Berger, Ménard. Postes : Ro-
binet. Ecole vétérin. : Buchin. Ecole de La
Flèche : De Beaune, Roger. Ecole de Châlons :
Réal, Thevenot.

1873 (bac. l.) : J. Marquet, F. Carret, Des Che-
nais René, J. Favereau (A. B.), E. Noir, M. Renaud (A. B.), P. Berger (A. B.). (bac. sc.) :
P. Cros (B.), G. Brésard (A. B.). Postes :
A. Rivière. Ecole supérieure de Commerce :
E. Roche (n° 1). Ecole de Châlons : V. Grap-
pinet.

1874 (bac. l.) : G. Patey (A. B.), Augey (bac. sc.) :
M. Renaud (A. B.), P. Berger (A. B.), Ph. Vé-
signié. Ecole de médecine militaire : Carret.
Diplôme d'études : Frison, Amet. Ecole de
Châlons : J. Michaud, J. Millot.

1875 (bac. l.) : A. Marie, Ed. Lévy, A. Olivier (A.
B.). (Bac. sc.) : Augey, P.-L. Passard. Di-
plôme d'études : P. Devillard, Piot. Ecole de
Châlons : P. Devillard.

1876 (bac. l.) : Barat, Rimbaut, Petiet (A. B.).
(Bac. sc.) : Bideaux. Diplôme d'études : Boirin.
Ecole de Châlons : Pélicot.

1877 (B. l.) : De Tourville, Emile Noir. (Bac. sc.) :
Petiet (B.), Clémençot (A. B.), Lassalle, L.
Simon (A. B.), Perrot. Ecole de La Flèche :
L. Sénelar. Ecole de Châlons : Rondot, Prétot.
Brevet de capacité : Parisot, Diplôme d'études :
Prétot, Ch. Thiébaud, A. Arnoux.

1878 (B. l.) : H. Fromentel, G. Lompré, R. Quévy.
(B. sc.) : H. Fromentel, Ch. Braconnier,
Mourlet, Ch. Simonin. Diplôme d'études :
A. Blum, J. Moutenet. Brevet de capacité :
Noviot, Corbon. Postes : J. Petit.

1879 (B. l.) : Gandillot, Verniory, Godard (A. B.);
b. s. : Maurice Roux, Camille Pichat. Ecole de
Châlons : Poulain, E. Laurent. Diplôme d'é-
tudes : J. Caradaux, Deckher.

1880 (B. l.) : Albert Morel. Cluny : Deckherr.
Ecole de Châlons : Rondot, L. Roger. Ecole
vétérinaire : Hugueny, Bollet. Diplôme de fin
d'études : Guibard.

1881 (B. l.): G. Thibaulot, Boichut; (b. s.) : H. Tis-
serand, Sattler, Abel Rougy (A. B.), Bréjoux.
Cluny : Guibard. Ecole de Châlons : Ch.
Roger, A. Mareine, Rondot, Laborde. Brevet
de capacité : Fournier. Ecole vétérinaire de
Lyon : Poinsot. Diplôme d'études : Allemand,
Jean Bergeret.

1882 (B. l.) : Voilliard, Piétri, Rochefrette ; (b. s.):
Piétri, Voilliard. Diplôme de fin d'études :
Bornibus, Brocheret. Brevet de capacité : Ju-
lien, Bornibus. Ecole de Châlons : Mareine,
L. Mugnier. Postes : Chevalier, Viennet.

1883 (B. l.) : Schwob, Bauby (B.), Couyba ; (b.
enseig. spéc.): Hipp. Cartier (A. B.); Certificat
d'études : Sauvageot. Diplôme de fin d'études :
Bergeret. Brevet de capacité : Arist. Thomassey,
Roy, Perny, Menctrez.

1884 (B. s.) : Molin, Moine, Gribelin. (B. e. sp.) :
Sauvageot. Certificat d'études : Mascaret.
Ponts et chaussées : Paillottet. Brevet supé-

rieur : Lallot. Brevet de capacité : Sauvageot,
Laforêt.

1885 (B. s.) : G. Tisserand, Ch. Gérard (A. B.).
(B. e. sp.) : Mascaret. Alfort : Fr. Piot. Ecole
de Châlons) : J. Montillot. Certificat d'études :
L. Moniot.

1886 (Cluny) : P. Mascaret (1er). (B. s.) : H. Couvert, E. Nicolas. (B. e. sp.) : L. Monniot.

1887 (B. l.) : Yon. (B. s.) : Jos. Maire, Yon.
Alfort : Clerget. Brevet de capacité : Miquez. Ecole normale de Vesoul : Camelot.

1888 (B. l.) : H. Trelle, L. Grandjean, Meunier.
(B. sc.) : L. Thomassey, Faivre, Bavoux. Brevet
de capacité : Noly.

1889 (B. l.) : M. Pichat, Lerouzy.

PROFESSEURS
ET
ÉLÈVES DISTINGUÉS
DE 1804 A 1889

———

REMARQUE

Je ne dirai rien de Violet d'Epagny, célèbre auteur dramatique (1797-1868) de Léon Feugère (1810-1858) professeur au lycée Louis-le-Grand, fils d'Alexandre-Léon Feugère, receveur de l'enregistrement à Gray de 1816 à 1821 ; de M. Alph. Teste, célèbre homœopathe de Paris (1814) de M. l'ingénieur Ernest Deligny (1820) membre du conseil municipal de Paris ; de Firmin Maillard (1833) journaliste de mérite. Chacun peut lire les notices que Larousse leur a consacrées d'après Vapereau. Voir sur les professeurs : Besson (1821 évêque de Nîmes, écrivain et orateur de premier ordre), sur Lalanne (qui fut directeur du célèbre collège Stanislas, porta le nombre de ses élèves de 109 à 623, et mourut à Besançon en 1879), et sur Etallon (géologue de grand mérite) *Larousse*, son supplément de 1877, et *Suchaux* (*galerie biographique de la Haute-Saône*). J'ai voulu donner des renseignements inédits ou dispersés dans plusieurs recueils.

Si mes notices ne servent pas à quelque biogra-

phe, je souhaite du moins qu'elles donnent l'idée
de replacer au parloir la liste des élèves les plus
distingués.

PROFESSEURS

François Sugier

FRANÇOIS SUGIER (1780-1872), né en Auvergne,
de paysans fort pauvres, fut destiné à l'état ecclésiastique, mais entra dans l'Université en 1809
comme répétiteur à Sainte-Barbe. Professeur de
deuxième année de grammaire au collège de Gray
(1811-1815) il y enseigna le premier la langue
grecque. Puis il étudia le droit à Paris, se fit
avocat, ensuite avoué à Gray ; il eut l'idée d'exploi-
ter en grand les minerais de fer comtois, ce qui
enrichit beaucoup l'arrondissement de Gray.
Membre influent du parti républicain, M. Sugier
s'établit à Paris après 1830, présida la société des
Amis du Peuple et publia le pamphlet intitulé :
Mayeux. Compromis dans l'émeute du 5 juin 1832,
il faillit périr sur l'échafaud et abandonna la politique militante. En 1848 il échouait aux élections
et depuis ne joua plus qu'un rôle effacé. On a de
lui : *Eglogue latine* en l'honneur du roi de Rome
(1811) dans les *Hommages poétiques* (t. 1. p. 400);
De viris illustribus gentis Francorum, petit
ouvrage classique (1814, Besançon) ; une brochure
Sur la Charte (1815) ; la *Lettre de Jacques Féru*
(1829) : *l'Enfant de la Cabane*, curieuse autobis-
graphie (Marpon 1867, et Manière, Dijon), etc.

Son *Petit Messager du Village* (1849) journal populaire destiné aux instituteurs, n'eut que trois numéros. M. Sugier réussissait admirablement dans la poésie familière. (Article de M. Jourdy dans le *Républicain littéraire*).

Jacques-Charles Rénoir

JACQUES-CHARLES RÉNOIR, né à Gray en 1790, enseignait les mathématiques comme professeur libre, lorsqu'en 1816 on lui confia la chaire de mathématiques au collège ; il professa en même temps un cours spécial pour les ouvriers de la ville. Il était devenu professeur à Belfört, quand on le nomma, en 1830, principal du collège de Gray. Mais en 1832 il redevint professeur à Belfort. Il a publié la *Carte géologique des environs de Belfort*, et de nombreuses *Observations* dans les Annales de la Société géologique de France ; ses notes sur les *Glaciers* et les *Moraines* des Vosges et des Alpes ont été fort remarquées, et critiquées vivement par quelques savants. Retraité en 1846, il faisait imprimer son dernier ouvrage, intitulé : *Eléments de Géognosie*, lorsqu'il mourut, le 6 février 1855. Ses *Eléments* ont été publiés la même année par Outhenin-Chalandre.

« M. Rénoir était aussi modeste que savant, dit M. Auguste Roux ; d'une grande bonté pour tous ceux qui l'approchaient, il laisse de vifs regrets à ceux qui ont été admis dans son intimité. »

M. Rénoir était membre de la Société géologique de France. Après sa mort, M. Eugène Perron,

M. le professeur Etallon et M. le docteur Gourdan-Fromentel ont continué sa tradition et fait de Gray un petit centre d'études géologiques et paléontologiques ; espérons que cette impulsion ne s'arrêtera point encore de notre temps.

Mgr Jean-Pierre Mabile

Mgr JEAN-PIERRE MABILE, né à Rurey (Doubs), le 20 septembre 1800, était fils d'un cultivateur. A 19 ans il entrait au petit séminaire d'Ornans et y achevait en trois années ses études littéraires. Élève du grand séminaire de Besançon, il fut envoyé au collège de Gray en mars 1829, pour terminer le cours de philosophie commencé par M. Perron. « Le départ de M. Perron, écrit un ancien élève, nous fit une si grande peine, que nous étions déterminés à faire au nouveau professeur toutes les misères possibles ; mais après la première classe nous fûmes complètement désarmés, notre haine fut changée en admiration et encore aujourd'hui, quand nous nous rencontrons, nous ne parlons de M. Mabile que pour exprimer notre reconnaissance et le bonheur que nous avons eu de l'avoir pour professeur. »

M. Mabile dirigea le collège des hautes études à Besançon (1829-1832) puis, après une polémique contre l'abbé Bautain, fut vicaire à Gray (1833), directeur du séminaire de Luxeuil (1833-1837), curé de Villersexel (1837-1844), vicaire général de Mgr Doney, évêque de Montauban. En 1851, M. Mabile fut nommé évêque de Saint-Claude, puis, en 1858, transféré à l'évêché de Versailles.

Il est mort à Rome le 8 mai 1877, en répétant :
« Je suis venu à Rome, pensant y mourir ; j'y
meurs, je suis content. Toutes mes affaires sont en
ordre... Je suis heureux de mourir près du
pape. » (1)

M. François Perron

M. FRANÇOIS PERRON, né à Broye-les-Pesmes,
en 1804, mort en 1880 à Paris, fut professeur au
collège de Gray de 1827 à 1829. Fils d'un cultivateur, il n'eut aucune instruction jusqu'à l'âge de
quinze ans ; un prêtre lui fit faire quelques études
latines, puis il entra chez l'industriel Gandillot.
Le commerce ne lui convenait point ; après avoir
professé au collège de Gray, il étudia au séminaire,
enseigna au collège d'Auch, se fit recevoir agrégé,
et fut envoyé au lycée de Nancy (1832). Reçu
docteur ès-lettres à Strasbourg, il eut quelque
temps la chaire d'histoire au collège Stanislas,
puis devint professeur à la faculté des lettres de
Besançon, et secrétaire de l'académie de cette ville
(avant 1840). En 1852, le président de la République, l'ayant remarqué dans son voyage à Besançon,
le fit venir à Paris. Il y fut chef de section au
ministère de la maison de l'empereur et des beaux-
arts, puis au ministère d'Etat, et dirigea longtemps
le *Moniteur Universel*. Des jalousies locales le
firent échouer à la députation en 1869. Après 1870
il fut un des chefs du parti impérialiste, fonda le

____

(1) M. l'abbé Mabile, curé de Roulans, a bien voulu me
communiquer ces précieux renseignements.

9

Petit Caporal, le journal *En avant !* et subit une condamnation en 1875 pour sa brochure intitulée : *Ils en ont menti !* Les événements politiques ne lui ont pas permis de donner toute sa mesure. Doué d'une grande puissance de travail et d'une étonnante facilité d'assimilation, il a créé en 1835 la société d'assurances *la Paternelle*, puis une assurance agricole basée sur la mutualité (1854).

M. F. Perron a publié : Le *Franc-Comtois*. journal de Besançon (1840-1846) ; Notice sur M. l'abbé Bardenet, Paris, 1844, in-8° ; Notice sur le docteur Bulloz (Besançon 1845). *Introduction à l'histoire de la religion*, (Paris, 1836, in-8°) , *De l'amour de la patrie* (1839, Besançon) ; *De la loi sur la liberté de l'enseignement* (1841 ib. in-8°) ; *Une fleur sur sa tombe* (ib. Deis); *Notice sur Ballouhey* (ib. 1845) ; *Manuel du citoyen* (ib. 1848) ; *Note sur le projet d'une caisse générale des assurances agricoles* (1855, Paris); *Éléments de grammaire générale* (Didot, 1847) ; *Essai d'une nouvelle théorie sur les idées fondamentales ou les principes de l'entendement humain* (Ladrange, 1843) ; *le Réveil de la France*, brochure (1875); *Nouveaux principes de grammaire française*, etc.

Il a fait partie de la commission qui publia la correspondance de Napoléon 1er.

La bibliothèque de Besançon possède son médaillon.

M. Vachez

M. Vachez, né en 1843, fut élève de l'école des beaux-arts de Dijon (1828-1833) ; il y obtint le premier prix de tête d'après la bosse (1830) deux premiers prix de peinture, une médaille d'encouragement, un premier prix pour son tableau de *La Charité* (1833). En 1854 M. Vachez fut nommé professeur de dessin au collège, et occupa ce poste jusqu'à sa mort (20 août 1875). Il avait un talent exceptionnel comme restaurateur de tableaux : aussi travailla-t-il en cette qualité dans la galerie de M. le duc de Marmier et dans celles de plusieurs autres amateurs. On a de lui : le *Christ* du Palais de justice, la *Vierge* des sœurs du bouillon à Gray et d'excellents portraits (de M. Boichut, de M. Noir, de M. de Beauregard, de l'abbé Durand, etc.)

Il a dessiné la bataille de Friedberg dans l'album Devosges. M. Vachez a laissé beaucoup de regrets, car il était de ceux qui cachent un cœur excellent sous une rude écorce.

(Communiqué par M. Carradot, receveur municipal).

M. Louis Hustache

M. Louis Hustache, né à Gray, le 19 décembre 1814, est mort le 18 juillet 1888. Son père, qui était musicien, lui fit commencer ses études au collège ; puis il entra dans l'administration des eaux et forêts. Mais M. Hustache voulut se vouer à l'art : en 1832, il devient premier violon au théâtre de Besançon ; de 1834 à 1840, deuxième chef d'orchestre aux théâtres de Saint-Etienne, Metz, Besançon et Grenoble; il a fait représenter à Saint-Etienne un opéra en un acte : *Le Dante à Paris*. En 1840 il obtient au collège des Jésuites à

Chambéry l'emploi de directeur de la musique, et organise une excellente société philharmonique. En 1844 nous le retrouvons à Paris, premier violon au Palais-Royal ; c'est lui qui organise aux Champs-Elysées les premiers concerts à grand orchestre, que la jalousie des directeurs d'opéras fait interdire. Premier violon au théâtre des Variétés (1846), reçu, après examen, chef d'orchestre à Armentières, M. Hustache composait un opéra avec M. Octave Feuillet, lorsque la révolution de 1848 vint ruiner ses espérances.

Malade par suite d'excès de travail, il revient à Gray en 1852, fonde la fanfare de l'Ecole des Frères, celle du collège, et crée *l'Harmonie de Gray* par leur fusion. Mais, n'ayant point de traitement, M. Hustache va remplir les mêmes fonctions à Langres ; il revient dans sa ville natale en 1865. Sous son habile direction, *l'Harmonie* a remporté en 1880 le premier prix au concours de Nuits, et un prix d'honneur à celui de Dijon.

M. L. Hustache a publié un grand nombre de morceaux : Fantaisies faciles et brillantes sur *les Puritains*, la *Sonnambula*, la *Norma*, avec piano ; Variations sur *les Puritains*, pour clarinette, avec piano ; la *Brise des Alpes*, les *Etoiles de Madrid*, valses brillantes ; les *Echos de la Savoie* (six romances), les *Refrains des Alpes* (six romances) ; *Coquelicot*, polka ; *Souvenir du Barbier*, fantaisie, violon et piano ; la *Marche du Maréchal Canrobert* ; plusieurs morceaux publiés dans *El Correo de Ultramar* ; le *Chant Graylois*, chœur à quatre voix, etc., etc. Son *Cours de musique pratique*, publié en 1858 et dédié à M. le

maire Revon, puis réédité plusieurs fois, fort
apprécié pour l'enseignement, a obtenu une mention honorable à l'Exposition de 1878. M. Hustache
a composé un quatuor pour instruments à cordes;
il gardait en portefeuille trois opéras-comiques.

« Il avait, dit M. Jules More, le talent de former
des élèves avec une extrême rapidité.... Sa musique
avait pour qualités maîtresses la justesse absolue
et une sonorité discrète et distinguée que chacun
s'est toujours plu à lui reconnaître. » Il a eu parmi
ses élèves Mlle Scriwaneck.

M. Gilbert-Joseph Roux

M. Gilbert-Joseph Roux, né en 1832, suivit les
cours de l'école des beaux-arts et fut élève de
Couture. En 1860 il obtint une médaille de bronze
à l'Exposition de Besançon. Ses principales œuvres
sont : Une Fête de village en Franche-Comté
(1861); Portrait de M. A. D. (1864); la Fin d'un
pardon, scène bretonne (tableau reçu au Salon et
acheté par l'Etat, 1863); une Chasse sur la neige
(1872); Séance à la campagne (au Salon, 1865);
Portrait de M. Perron, à l'hôpital, etc...

M. J. Roux est professeur de dessin au collège
de Gray depuis 1875, et officier d'académie. Il a
publié : *Une leçon de dessin*, brochure (Gray. A.
Roux, 1884) et un excellent livre d'enseignement
classique intitulé : *Le Dessin* (Gray, A. Roux,
1886) : ouvrage très utile à tous ceux qui étudient
ou enseignent cet art.

M. BRULARD, professeur d'enseignement spécial, occupe un poste dans un lycée de Paris.

Parmi les jeunes professeurs, il faut citer M. Ferreux, qui est devenu agrégé et professeur au lycée de Tunis; M. HENRI NER, styliste distingué dont nous dirons quelques mots. Né en 1861, Algérien de naissance et fils d'un Roussillonnais, M. Ner a fait voir qu'il possède les qualités de style qui sont fréquemment le partage des littérateurs méridionaux, Comme romancier, il a débuté avec éclat par un ouvrage hardi : *Chair vaincue !* (1888). En préparation : *Amour et haine*, roman ; *Pour être heureux*, roman ; *Les chants du divorce*, poésies. Il a collaboré à plusieurs journaux.

M. LAGONDET, professeur d'allemand, publie cette année même un volume de poésies dont quelques-unes ont paru dans *le Républicain littéraire*.

ÉLÈVES

M. Antoine Four

M. ANTOINE FOUR, né à Arc le 15 avril 1798, fit ses études classiques au collège de Gray. « C'était, dit M. Jules Sauzay, « un écolier plein d'activité, d'entrain et de gaîté, fort aimé de ses camarades et montrant déjà cette sensibilité profonde, cette douceur inaltérable et cette bienveillance sans bornes qui devaient lui acquérir partout tant d'amis. » Après avoir été au séminaire de Besançon, il fut ordonné prêtre en 1822. Vicaire à Faucogney, il devint bientôt curé de Membrey, puis de Jussey ; il fut quelque temps chaud partisan du libéralisme de Lamennais ; plus tard il écrivit pour défendre la liberté d'enseignement (1). Nommé curé de Gray en 1849, il vit achever la restauration de l'église, érigea à ses frais plusieurs croix sur les routes qui convergent vers la ville, acheta une maison jadis habitée par le B. Pierre Fourier, et y établit (13 avril 1861) les Religieuses de Notre-Dame, qui ont donné depuis, dans cette maison appelée couvent des Oiseaux, une éducation chrétienne à tant de jeunes filles, et dont l'éloge n'est plus à faire. La mort de ce prêtre bienveillant et charitable, arrivée le 30 novembre 1864, excita les regrets de toute la population grayloise.

Un portrait de M. Four est conservé chez les Religieuses de Notre-Dame. (Vie de M. Four, par M. J. Sauzay).

Antoine-Augustin Cournot

Un homme qui mériterait de donner son nom au collège, c'est ANTOINE-AUGUSTIN COURNOT. Né à Gray en 1801, il eut de brillants succès au collège, étudia les mathématiques spéciales au lycée de

____

(1) M. Four était si populaire qu'il obtint plusieurs milliers de voix aux élections de 1848.

Besançon (1), et fut reçu à l'Ecole Normale en 1821. Cette école ayant été licenciée en 1822, M. Cournot resta en dehors de l'Université jusqu'à la fin de la Restauration. En 1831, il devint inspecteur-adjoint de l'Académie de Paris, puis fut nommé successivement professeur de mathématiques à la Faculté des sciences de Lyon (1834), recteur de l'Académie de Grenoble (1835), inspecteur général des études (1838) et recteur de l'Académie de Dijon (1854). Commandeur de la Légion d'honneur en 1861, M. Cournot a pris sa retraite en 1862. Il est mort en 1877 à Paris.

M. Cournot a donné une édition des *Mémoires du maréchal Gouvion-Saint-Cyr* (1831, 4 vol. in-8°), une édition des *Lettres d'Euler à une princesse d'Allemagne*, avec notes (1842, 2 vol. in 8°). Il a traduit le *Traité d'astronomie* de John Herschell (1834) et les *Eléments de mécanique de Kater et Lardner* (1834); a publié dans divers recueils des mémoires sur les mathématiques, et enfin a fait paraître plusieurs ouvrages extrêmement remarquables, dans lesquels il joint au savoir du mathématicien des vues philosophiques profondes. Les principaux sont : *Recherches sur les principes mathématiques de la théorie des richesses* (1838, in-8°); *Traité élémentaire de la théorie des fonctions et du calcul infinitésimal* (1841, 2 vol. in-8°); *Exposition de la théorie des chances et des probabilités* (1843, in-8°); *De l'origine et des limites de la corres-*

____

(1) Il y eut un prix d'honneur de mathématiques spéciales en 1821.

pondance entre l'algèbre et la géométrie (1847,
in-8°) ; *Essai sur les fondements de nos connaissances et sur les caractères de la critique
philosophique* (1851, 2 vol. in-8°), ouvrage dans
lequel se trouve sa doctrine philosophique, fondée
sur le probabilisme ; *Traité de l'enchaînement
des idées fondamentales dans les sciences et
dans l'histoire* (1861, 2 vol. in-8°), où il recherche
les méthodes à suivre dans l'étude des sciences ;
Principes de la théorie des richesses (1863, in-8°) ;
Des institutions d'instruction publique (1864,
in-8°).

M. Cournot a encore publié : *Considérations
sur la marche des idées et des événements dans
les temps modernes* (1872, 2 vol. in-8°) ; *Matérialisme, vitalisme, rationalisme, études sur l'emploi des données de la science en philosophie*
(1875, in-12) ; *Revue sommaire des doctrines
économiques* (1877, in-12).

Ce penseur éminent doit être placé au premier
rang des métaphysiciens français de notre siècle.
Profondément versé dans toutes les sciences, il
veut que la philosophie s'appuie sur les découvertes
scientifiques comme sur une base inébranlable ; il
s'éloigne ainsi des éclectiques, pour se rapprocher,
non pas des positivistes, mais de Descartes, qui ne
séparait point absolument la philosophie des
sciences physiques. Bien franc-comtois par la
tournure de son esprit vigoureux, M. Cournot re-
cherchait en tout la vérité exacte et fuyait les opinions vagues et flottantes qui plaisaient à beaucoup
de ses contemporains. M. Taine l'a jugé ainsi :
« Il est savant en mathématiques : voilà l'origi-

« nalité de sa métaphysique.... Nous regardons
« ces sortes de recherches comme les seules qui
« aujourd'hui puissent faire sortir la philosophie
« de l'indifférence publique et du bavardage litté-
« raire, et nous recommandons aux lecteurs qui
« veulent penser, cet ouvrage solide, élevé et inté-
« ressant (1), toujours instructif et souvent neuf,
« fruit d'une érudition spéciale, d'une vaste lec-
« ture et d'une longue méditation » (*Journal des*
« *Débats*).

La Revue de l'Instruction publique (1852) reconnaissait à M. Cournot « l'élévation et la péné-
« tration d'esprit, la rectitude du jugement, et, au
« plus haut degré, l'ordre dans les idées, la clarté
« et la précision dans le style. » La savante revue
le qualifie d' « observateur fin et profond, qui
« unit l'imagination à la raison, la vivacité de
« l'esprit à la sage lenteur de la réflexion et l'élé-
« gance du littérateur à la netteté du savant. »

M. Jules Rousset

M. JULES ROUSSET, de Gray, né en 1802 (?), attaché au ministère des finances sous Louis-
Philippe, alla en Égypte, contribua beaucoup à
l'organisation des finances égyptiennes, et reçut
du vice-roi Méhémet-Ali le titre de Bey. En 1848
il fut préfet de la Loire. Ses opinions avancées ne
lui permirent pas d'obtenir après 1852 les fonctions qu'il était capable de remplir. Officier de la

---

(1) Le traité de l'enchaînement des idées fondamentales.

Légion d'honneur, conseiller référendaire à la cour des Comptes, M. Rousset a publié plusieurs *Notices* sur la Réforme financière, une brochure intitulée *Pangermanisme* (1867), etc.

Dans ses dernières années il vivait à Arc-les-Gray. Mort en 1880.

François Jobard

François Jobard, né à Gray en 1805, fit de brillantes études. Il devint licencié en droit, juge auditeur à Lons-le-Saunier (1825), substitut à Lure, puis à Vesoul, procureur du roi à Gray (1830) ; il appartenait au parti libéral, et le gouvernement de Juillet le nomma substitut à la Cour d'appel (1831).

Les électeurs de Gray l'envoyèrent siéger à la Chambre des députés, de 1834 à 1838 ; mais en 1839 il refusa de nouvelles offres et préféra devenir avocat général (1840). En 1848 M. Jobard refusa la charge de procureur général, mais il fut bientôt nommé président de Chambre, et occupa ces hautes fonctions vingt-six ans, jusqu'à sa retraite. M. Jobard, membre de l'académie de Besançon depuis 1836, conseiller municipal de cette ville pendant 35 ans, rendit en cette qualité beaucoup de services, et donna plusieurs fois des preuves de sa libéralité. Mort en 1881.

« Il avait partout fait preuve, dit l'*Echo de la* « *Haute-Saône*, d'un esprit juste et pénétrant, « d'une conscience droite et austère, de tendances « aussi élevées que libérales.... Ses fonctions lui

« permirent de manifester ses grandes qualités de
« jurisconsulte, sa science approfondie du droit,
« l'élégance de sa parole. Ses arrêts se recomman-
« daient par la clarté, la précision et la brièveté...
« La sagesse et la modération étaient les traits
« distinctifs de son caractère. »

M. Jobard a laissé plusieurs savantes études sur
des questions de droit (*Histoire de Gray*, *Presse
Grayloise*, *Républicain*).

François-Richard Baudin

Fort remarqué au collège à cause de son goût
pour la poésie, FRANÇOIS-RICHARD BAUDIN, né à
Gray en 1813, professa la seconde à Lure, la rhétorique à Baume, à Vesoul et à Dôle. Il fut couronné plusieurs fois par l'académie de Besançon :
pour un poëme sur le *Siège de Dôle* en 1636
(1842), pour une *Ode sur les gloires militaires
de la Franche-Comté* (1844), pour une pièce de
vers *sur la mort de Mgr Affre* (1849), pour une
Dissertation sur l'esprit de famille (1850). Il
obtint aussi le titre de maître ès-jeux floraux. On
a de lui : *Marie, notre modèle* (Baume, 1845) ;
des *Poésies* (1852), Le *Livre des prières* (1854,
Breitenstein et Valluet) ; des *Fables* qui renferment
des allusions politiques, une *Ode à M. Guizot*,
Les derniers temps (1851), *Les Vieilles filles*,
épître familière (1853) ; et divers morceaux publiés
dans les *Mémoires de l'Académie de Besançon*,
puis dans les *Annales Franc-Comtoises*. Ce poète
estimable, au talent élégant et facile, devint

aveugle vers la fin de sa vie. Après avoir professé
au lycée de Cahors (1854-1856), il mourut professeur au lycée de Dijon (*Histoire de Gray. Mémoires de l'Académie de Besançon*).

M. Mathieu Sauzay

M. MATHIEU SAUZAY (1814), entré à l'École
Polytechnique en 1834, fit une partie de sa carrière en Algérie, où il avait acquis d'importants
domaines. Il était lieutenant-colonel, chef du
génie à Bayonne, officier de la Légion d'honneur,
lorsqu'il obtint de concourir à la défense nationale.
Il périt près de Nogent, le 28 août, dans un
accident de chemin de fer. On a de lui : *Mélanges
de fortifications* (Gray, 184...), et : *Etudes pratiques sur l'organisation du travail et la coloni-
sation de l'Algérie.*

M. le docteur Prieur

M. le docteur PRIEUR (né en 1813), fut attaché
à l'armée d'Afrique en 1843. Chirurgien de l'hôpital de Gray, il s'est surtout fait connaître par
l'invention du coton iodé et a publié d'importantes
observations sur le traitement par l'iode des ma-
ladies scrofuleuses ; ses travaux lui ont valu la
haute appréciation du docteur Ricord et de la
Faculté de médecine de Paris. Mais d'autres ont
eu tout le profit de sa découverte. On a beaucoup
remarqué en 1867 sa polémique dans la *Presse
Grayloise* avec M. le docteur Turck au sujet de la

salubrité des casernes. M. Prieur exerce depuis longtemps à Gray et s'est assuré l'estime de tous ses compatriotes. Il a reçu la croix de la Légion d'honneur pour sa belle conduite pendant le choléra de 1854.

M. le docteur Teste

M. le docteur Teste (né en 1814), a publié, outre les ouvrages cités dans Larousse et Vapereau : *Comment on devient homœopathe* (3ᵉ édition), et une brochure qui a fait quelque bruit : *Du brome contre la diphtérie.*

M. Etienne Tisserand

M. Etienne Tisserand, né vers 1810, pharmacien à Gray, a publié des satires sur le Conseil municipal, le couvent de N.-D., le miracle des Perrières, le tir d'Autrey, et sur lui-même ; après 1870 il fit paraître d'autres satires : sur M. Thiers, les exploits de Bombonnel, etc. Ses poésies sont mordantes, mais fort incorrectes, et ses jugements très partiaux.

M. Léon-Marie-Joseph Billardet

M. Léon-Marie-Joseph Billardet, né à Gray le 17 mai 1818, fut élève de Paul Delaroche et d'Ary Scheffer. Dès 1836, il eut une médaille d'or à l'Exposition ; puis il obtint la médaille d'honneur

à l'Exposition de Bruxelles, pour son tableau des
Deux Bellini (donné par l'État au musée de
Besançon); en 1850, il exposa *La Rêverie*; il fit
en 1851 la bannière de Notre-Dame de Gray; son
tableau de *Pierre le Vénérable* fut acquis par le
musée de Rotterdam. Ses autres œuvres sont : *Le
Petit Savoyard mourant*, acheté par le musée du
Hâvre, une *Vierge* (église de la Résie), *Héloïse et
Abailard surpris par Fulbert* (médaille d'honneur
à l'Exposition de Bruxelles), *la Résignation Chré-
tienne, Enfants surpris par l'orage, la Bohé-
mienne, la Femme corsaire, les Exilés, les
Fiancés, Saint Jérôme*, des portraits du baron
Martin (à la mairie de Gray), de l'abbé Burette,
de madame de B.., de madame Lapène, de M. le
curé Four, de madame Lépine, de M. D.., un
Saint-Jérôme chassant le démon, (à l'église de
Pesmes), etc. Mort le 24 novembre 1862. (*Suchaux : Galerie biogr. Annales Franc-Comtoises.
Presse Grayloise*).

Claude-Marie-Agapite Versigny

Claude-Marie-Agapite Versigny, né à Gray le
18 août 1848, se fit recevoir avocat à Dijon, et
revint dans sa ville natale pour y suivre la carrière
du barreau. Républicain comme son frère Victor,
il fut, en 1848, vice-président du *Club indépendant*, refusa en 1852 de prêter serment à Napoléon
III comme conseiller municipal, et fit une opposition constante à l'Empire. En 1868, il fonda le
journal *l'Indépendant de la Haute-Saône*, puis

devint, au 4 septembre, sous-préfet de Gray. Arrêté
par les allemands, il fut envoyé comme otage à
Brême, et s'y trouvait encore lorsqu'il obtint, sans
être élu, 11.713 voix lors des élections du 8 février
1871. De retour en France, M. Versigny reprit ses
fonctions de sous-préfet, refusa d'appuyer la candi-
dature du duc de Marmier contre M. Hérisson, et
fut révoqué par le ministère de Broglie en 1874.
Les électeurs de Gray l'ont envoyé à la Chambre
aux élections de 1876, 1877, 1881, 1885.

Il a constamment voté avec la majorité républicaine : sa compétence dans les questions d'affaires
est fort appréciée; on a aussi remarqué son discours en faveur de l'amnistie (1).

M. Eugène Perron

M. Eugène Perron, né le 31 octobre 1818 à
Arc-les-Gray, mort le 22 mai 1884, s'initia aux affaires dès sa jeunesse dans la maison de banque de
M. Revon, puis comme gérant de M. Lacordaire à
Gevrolles. Après avoir épousé Mlle Galley en 1841,
il fut maire de Gevrolles (1846-1848, 1848-1850),
président du comice agricole de Montigny-sur-
Arche, délégué cantonal, puis, en 1850, receveur
municipal à Gray. Malgré les soins que réclamaient
ces fonctions, M. Perron s'adonnait à de laborieuses
études ; il acquit une érudition encyclopédique : à
la fois numismate, géologue, agronome et archéo-

---

(1) Larousse : 1ᵉʳ supplément — Vapereau — Le Parle-
ment illustré, mai 1883.

logue, il se prodiguait de toutes façons, se dépensait toujours sans réserve, ouvrait à tous les trésors de son expérience : je pourrais parler mieux que personne de son obligeance et de sa bonté, des encouragements qu'il savait donner à quiconque lui en paraissait digne.

Il envoyait à l'exposition universelle de Paris en 1855 une collection de minéraux, qu'il a donnés quelque temps après au cabinet d'histoire naturelle de Gray, refusant de la laisser à l'école des mines. Dès 1858, il eut le premier l'idée d'organiser des concours pour inaugurer à l'école primaire l'enseignement de l'agriculture ; après avoir fait partie de la commission de l'enquête agricole, il a beaucoup contribué au concours de faucheuses et de moissonneuses en 1874, à celui de faucheuses en 1879, à celui de semoirs mécaniques en 1882 ; il s'occupa aussi de la propagation des animaux reproducteurs.

M. Perron était membre de la société d'anthropologie de Lyon, de la société d'émulation du Doubs, de la chambre d'agriculture de la Côte-d'Or (1845) de celle de la Haute-Saône (1861) de la société d'agriculture de France, du comité de perfectionnement de l'école de Saint-Remy (1878), de la société de géologie (1852), de la commission de statistique (1852) qui lui décerna quatre médailles, de la commission départementale de météorologie (1879), du jury de divers concours régionaux, et plusieurs fois rapporteur de la prime d'honneur ; il a rendu d'importants services à la ville de Gray comme président et vice-président du comice agricole (1856-1884). Conservateur du cabinet d'histoire naturelle (1851) et du musée (qui fut donné par l'Etat en échange des objets trouvés près d'Apremont et cédés par M. Perron à la ville) ; comme membre de la société de secours mutuels, du conseil d'hygiène, du conseil de perfectionnement de l'enseignement spécial, de la délégation cantonale, du jury pour le certificat d'études, receveur des hospices et secrétaire de la chambre de commerce, et président de la commission de surveillance du travail des enfants (1874). M. Perron était correspondant du ministère de l'instruction publique pour les travaux historiques, officier d'académie (1880), chevalier de la Légion d'honneur (1869).

On a de lui : *Notice sur l'étage portlandien des environs de Gray* (Baillière, 1857) ; *Note sur la présence du gault et de la craie chloritée dans la Haute-Saône* (Revue de géologie, 1858), *Compte-rendu des excursions de la société géologique de France* (1859) ; *les seigneurs d'Autrey et de Fouvent* (Annuaires de Gray 1864-1865) ; *La prime d'honneur de la Moselle en 1868* (Metz, Maline), *L'agriculture dans la Haute-Marne* (Wassy, Guillemin 1873) ; *Etat du bétail dans la Haute-Saône* (Bulletin de la société des agriculteurs de France, 1875) ; *Le terrain crétacé des environs de Gray* (1875) ; *Concours d'enseignement agricole* (Comice de Gray, 1878) ; *L'atelier préhistorique d'Etrelles* (Vesoul, Suchaux, 1879); *La Motte d'Apremont* (Matériaux pour l'histoire primitive de l'homme, Reinwald, 1881); *Les tumulus de la vallée de la Saône sup.* (Revue archéol. 1882) etc.

Sa collection de fossiles est à la faculté des
sciences de Dijon, sauf une partie que la ville de
Gray a cru devoir conserver.

(*Républicain, Indépendant*, notice de M. l'abbé
Drouhard dans les *Mém. de la Soc. d'émul. du
Doubs]*.

M. Perron a collaboré au savant livre de M. le
docteur Edouard Fromentel, sur les *Polypiers
coralliens*, à l'étude de M. Etallon sur la *Faune
de l'étage corallien*, et à la carte géologique du
département.

M. J.-B. Victor Versigny

J.-B.-VICTOR VERSIGNY, né à Gray le 5 octobre
1819, étudia le droit à Dijon, y obtint la grande
médaille d'or avec le grade de docteur, eut un très
grand succès au barreau de Besançon, puis devint
secrétaire de M. Bonjean. M. Versigny échoua aux
élections en 1848, mais il fut élu en 1849 représentant du peuple à l'assemblée législative, où il
siégea parmi les membres de l'extrème-gauche, et
se distingua par son énergique opposition au gouvernement de Louis-Napoléon. Après le coup d'Etat
du 2 décembre, M. Versigny fut éloigné momen-
tanément du territoire français, il se retira d'abord
à Bruxelles, puis fut interné à Termonde pour
avoir fait une leçon de droit très hardie. M. Gustave
Chaudey lui procura la direction d'une feuille
libérale à Neufchâtel : il contribua beaucoup à la
création d'un chemin de fer franco-suisse et en
devint le secrétaire général. De retour en France
(1864) il reprit la profession d'avocat à Paris.

Après le 4 septembre, le gouvernement le nomma membre de la commission provisoire qui remplaça le Conseil d'Etat, mais il fut éliminé par l'Assemblée en 1872 et mourut la même année. On a de lui : *De l'influence du criminel sur le civil* (Dijon, 1843, in-8°) ; *Mémoire sur les Patentes* (1846) et des articles publiés dans une *Encyclopédie moderne.*

Doué d'une éloquence vigoureuse, il eût compté parmi les premiers orateurs de son temps, si les événements politiques n'avaient interrompu sa brillante carrière.

M. Louis Jobard

M. Louis Jobard, né à Gray en 1821, commença ses études au collège, mais les termina à Paris et à Dijon. Néanmoins nous ne voulons pas omettre son nom dans la liste des anciens élèves, et nous saisirons cette occasion de lui témoigner la haute estime et la considération qu'il mérite. Ayant pris le grade de docteur en droit, M. Jobard revint à Gray en 1845, et dirigea avec son frère Henri la grande exploitation forestière et minière que son père avait créée. Il a été l'un des fondateurs du *Journal d'agriculture* de Barral, et a publié le *questionnaire du cultivateur,* signé de son anagramme *Draboj.*

Conseiller municipal, membre du conseil d'arrondissement et maire de Gray en 1869, il assura le succès d'un concours régional qui rapporta de très fortes sommes à la ville. Pendant la guerre de 1870, sa prudence, son caractère conciliant, lui permirent de rendre d'importants services à ses concitoyens. M. Jobard fut nommé peu après membre du conseil général (1871) et y prit place dans les rangs des républicains ; en janvier 1876 il a été élu sénateur. Depuis, il a toujours voté avec la majorité républicaine ; et sa compétence dans les questions d'affaires s'est souvent affirmée.

(*Larousse. — Républicain.*)

M. André-Jules Sauzay

M. ANDRÉ-JULES SAUZAY (1823) rédacteur de *l'Univers* en 1843, licencié en droit (1845), sous-inspecteur de l'enseignement primaire à Châteauroux, Chaumont et Lons-le-Saunier, fut inspecteur à Gray de 1850 à 1854. Depuis cette époque il est membre de l'académie de Besançon. Il a publié : *Histoire de la persécution révolutionnaire dans le département du Doubs, de 1789 à 1801* (Besançon, 1867-1873, 10 vol. in:12, ouvrage couronné par l'académie française en 1874) ; *Mlles de Clairval*, nouvelle, (Tours, Mame 1871, in-8°) ; Romans et nouvelles, dans les *Annales Franc-Comtoises* (de 1854 à 1870) ; Poésies, dans *l'Union Franc-Comtoise* et le *Recueil de l'académie de Besançon* et un grand nombre d'articles religieux, politiques et littéraires dans des revues et journaux. M. Sauzay appartient à une honorable famille de Gray.

(*Dantès : La Franche-Comté littéraire.*)

M. le docteur Bornier

M. le docteur Bornier, ancien élève du collège, est professeur de physiologie à l'école de médecine de Besançon.

M. Virot

M. Virot, né aux environs de Gray vers 1820, fit ses études classiques au collège. « Un jour, m'écrit « M. Jules Sauzay, nous vîmes arriver un jeune « paysan déjà adulte, bien gauche et bien lourd, « qui se trouva naturellement en butte à toute « notre malice enfantine. Sans y accorder la moin- « dre attention, il se mit à faire deux ou trois « classes par an avec un succès hors ligne, entra « ensuite au grand séminaire, puis aux missions « étrangères. Quelques années après, j'appris par « les journaux que ce saint et héroïque jeune « homme, devenu missionnaire dans l'Inde, y était « mort dans une fosse profonde disposée pour « servir de piège aux tigres. » Ce nom mériterait d'être inscrit dans une liste d'honneur comme celui d'un officier mort sur le champ de bataille.

M. Joseph Mongin

M. Joseph Mongin, docteur en droit, fut long-temps secrétaire du Conseil général de la Haute-Saône ; il reçut la croix de la Légion d'honneur. C'était un homme éminent, mais d'une modestie

excessive. « Il pouvait prétendre à tout, dit
« M. Sauzay; et il semble avoir pris à tâche de
« cacher sa supériorité intellectuelle et morale. »
Ce M. Mongin était un vrai sage. Mort récemment.

M. Jules More

M. JULES MORE (1823) après avoir terminé avec
succès ses études, devint percepteur, occupa successivement plusieurs postes et obtint enfin celui
de Gray (1869). M. More s'est fait un grand nombre
d'amis par son exquise courtoisie et son goût pour
les arts. Il a créé l'Orphéon d'Autrey, puis la
Chorale de Gray (qui a remporté de si nombreux
succès dans les concours.) M. More est officier d'a-
cadémie, et retraité depuis quelques années. Il a
fait la musique de plusieurs cantiques ou hymnes.

M. F. Bobillier

M. FERD. BOBILLIER (1822) fils d'un médecin
de Gray, entra à Saint-Cyr, se distingua bientôt à
la prise de Rome (1849) et, devenu capitaine au 1er
bataillon de chasseurs à pied, fut blessé à Malakoff
où il planta le drapeau français et sauta avec la
mine : décoré sur le champ de bataille, il fut
nommé en 1858 commandant du 18e batailllon de
chasseurs. En 1864 il devint lieutenant-colonel au
59e de ligne. Depuis il a pris sa retraite et a été
nommé receveur des finances.

M. Ph. Gelez

M. Ph. Gelez, après 17 ans de service et 16 campagnes, fut nommé chef d'escadron au 3e spahis ; et en 1877 lieutenant-colonel du 8e hussards.

M. Albert-Armand Versigny

M. Albert-Armand Versigny, devenu chef d'escadron d'état-major, fut nommé lieutenant-colonel en 1876 ; retraité peu après, il est mort en 1884, à l'âge de 61 ans.

M. Jules Poulot

M. Jules Poulot a pris sa retraite comme chef d'escadron d'état-major, lorsqu'il était encore dans toute le force de l'âge (1826).

M. Fréd. Démoly

M. Fréd. Démoly, avocat, obtint en 1850 une 1re médaille d'or au concours pour le doctorat, à Dijon, puis, substitut, il eut un prix de l'académie de législation toulousaine pour un mémoire sur le Droit de rétention· Il fut président du tribunal de 1re instance à Beaune, puis à Dijon,

M. d'Adeler

M. D'ADELER (1827 ?), élève du collège, est devenu colonel du 137ᵉ de ligne à Arras.

M. Vermot

M. VERMOT a été retraité comme lieutenant-colonel et est mort receveur particulier des finances à Lure.

M. Legros

M. LEGROS, né à Vellexon, le 26 février 1827, entra à Saint-Cyr en 1846 ; étant capitaine au 67ᵉ de ligne, il entra dans l'intendance (1862). Il devint adjoint de 1ʳᵉ classe (1865), sous-intendant de 2ᵐᵉ classe (1870), puis de 1ʳᵉ classe (1877) et intendant militaire (1883) : on sait que ce dernier grade correspond à celui de général de brigade. M. Legros a fait la campagne du Mexique, celle de 1870, et la guerre contre la Commune. Il a été retraité comme intendant de la 15ᵉ région militaire, à Marseille.

Sa modestie m'a refusé tout renseignement ; je me vengerai en citant cette appréciation d'un de ses amis : « M. Legros est un fonctionnaire d'une haute valeur ; il est de l'école de l'intendant général Friant, qui fut ministre des finances de Maximilien. »

M. Victor Maréchal

M. VICTOR MARÉCHAL, mort colonel de chasseurs (1881), s'est illustré en défendant Ammi-Moussa, avec 350 hommes contre 5.000 Arabes.

M. Norbert-Auguste Roux

M. NORBERT-AUGUSTE ROUX a succédé à son père dans la direction de *la Presse Grayloise* (1851), et ses articles pétillants de sel comtois y ont toujours été fort appréciés ; pendant trente-sept ans, il a été le propriétaire et le rédacteur en chef de ce journal ; on peut apprécier le nombre d'articles qu'il y a fait paraître. Sa modestie ne me permettra pas de louer comme je le voudrais sa probité parfaite et sa discrète charité.

Son fils aîné, M. GILBERT ROUX, lui a succédé en novembre 1887 dans l'imprimerie qui depuis cent ans n'est jamais sortie de la famille. Il continue, avec la collaboration de son père, à diriger *la Presse Grayloise* et publie depuis 1885 *l'Annuaire de Gray.*

Ferdinand Vezin

FERDINAND VEZIN, né à Gray en 1828, remporta de brillants succès dans toutes ses classes, et obtint promptement ses deux baccalauréats (1847). Ses professeurs lui conseillèrent de terminer ses études au lycée de Besançon ; il y demeura trois mois et obtint la couronne d'or décernée au prix d'honneur de philosophie. Reçu le cinquième élève de l'Ecole normale supérieure (1848), Ferdinand Vezin mourut l'année suivante, regretté de tous ceux qui l'avaient connu.

Un étudiant en droit, A. Lévy, disait de lui :

« Né de parents honnêtes, de ces dignes tra-
« vailleurs dont la sage et longue économie, le
« bon ordre, amènent la prospérité dans l'intérieur
« de la famille, l'instruction et la vertu chez les
« descendants, F. Vezin n'avait que très bien
« compris la tâche qu'il s'imposait en acceptant les
« sacrifices indispensables aujourd'hui à un jeune
« homme pour monter les degrés de l'échelle
« sociale. » — « Toute sa vie, dit M. Félix Dupré,
« fut partagée comme en deux parts, l'une consa-
« crée aux devoirs de l'amitié, l'autre aux austérités
« du travail. Comme ami, qui de nous oublierait
« jamais combien son commerce était doux et
« facile ? Qui n'a encore présentes à la mémoire
« ces conversations intimes, où se montraient
« toute la délicatesse et la franchise de son âme?
« Qui n'a eu à se féliciter de sa discrétion? Qui n'a
« tiré quelques profits de ses conseils? »

M. F. Vezin avait été l'un des premiers à l'Ecole normale dans la section des sciences mathématiques. Notre génération connaît son vieux père, vénérable nonagénaire, toujours inconsolable de sa perte (*Presse Grayloise*).

M. Denis Poulot

Elève de l'école de M. Cazer, puis du collège, M. Denis Poulot, né à Gray-la-Ville, le 3 mars 1832, est fils d'un officier de l'Empire, qui entreprit à Gray un commerce de fer et de bois. Sorti de l'école des Arts et Métiers de Châlons, M. Denis Poulot fut tour à tour, chez son frère Alfred, ajusteur, dessinateur, tourneur et chef monteur ; puis contre-maître chez M. Eernest Genin, attaché à l'ingénieur Audry, et directeur de la maison Doré et Chevet, du Mans. En 1857, M. Poulot crée une fabrication de ferronnerie dans le 19ᵉ arrondissement de Paris ; il obtient une médaille d'argent à l'Exposition de 1867 ; après avoir fondé, dans le XIᵉ arrondissement, une fabrique de produits pour le polissage, il reçoit une médaille d'argent pour ses inventions à l'Exposition de 1878. Administrateur de la Banque Populaire, M. Poulot a été nommé, par M. Hérold, maire du XIᵉ arrondissement de Paris.

On a de lui, outre une brochure sur le *taraudage*, un livre sur les ouvriers, intitulé *Le Sublime* (1869), qui est encore d'actualité et dont M. Zola s'est inspiré pour écrire l'*Assommoir* ; des études publiées dans la *Revue industrielle sur les tours, les machines à tarauder, les machines à fabriquer les rivets ;* une brochure intitulée : *Manifeste d'un bourgeois démocrate* (1871).

Fils de ses œuvres, M. Poulot est un de ces hommes trop rares dont l'énergie de caractère, le zèle et l'activité sont au-dessus des éloges ordinaires.

Il est chevalier de la Légion d'honneur, et inspecteur général de l'enseignement technique (*Les Hommes du jour*).

Edmond Bour

Fils d'un horloger de Gray, EDMOND BOUR, né le 19 mai 1832, montra autant d'aptitude pour les lettres que pour les sciences, et fut reçu bachelier ès-lettres en 1849 avec la mention *très bien*. Il fit ses mathématiques spéciales au lycée de Dijon, y obtint le prix d'excellence, et fut reçu à l'Ecole Polytechnique avec le numéro 62, en 1850 ; mais au premier classement il obtint le numéro 1, et le conserva, même à l'Ecole des Mines, où il entra deux ans après. L'académie des sciences lui décerna le prix Laplace (1852) ; en 1855 elle ordonna l'insertion, dans le *Recueil des savants étrangers*, d'un mémoire de Bour sur une question de mécanique (1). Professeur de mécanique à l'Ecole des Mineurs de Saint-Etienne, Bour subit les examens du doctorat ès-sciences avec un grand succès (2) ; en 1857, il fait exposer à l'académie des sciences sa méthode pour trouver, au moyen de la règle à calcul, les racines d'une équation du 3° degré. L'illustre Biot lui remit, comme au jeune mathématicien qui donnait le plus d'espérances, les

---

(1) Mémoire sur l'intégration des équations différentielles de la mécanique analytique.
(2) Avec dispense des grades inférieurs.

mémoires de Lagrange, qu'avaient possédés d'A-
lembert, Condorcet, Lacroix, Biot et Binet. Répétiteur à l'école polytechnique (1859), Edmond
Bour fut peu après professeur de géométrie descriptive à l'Ecole des mines. En 1861, l'Institut
lui décerna le grand prix de mathématiques, pour
une question relative à la théorie des surfaces
applicables l'une sur l'autre. M. Bour devint alors
professeur à l'Ecole polytechnique. Il se présenta
à l'Institut, mais échoua contre Ossian-Bonnet, à
cause de sa jeunesse. « C'est, dit M. Cournot,
« qu'il sentait venir sa fin prématurée, et qu'une
« voix intérieure lui criait de se hâter: ses amis
« pouvaient attendre, et lui allait mourir. »
Edmond Bour était, en effet, d'une constitution
faible, et savait qu'il devait vivre peu d'années.

Dans la séance du 5 mai 1862, M. Liouville dit
de lui, à propos d'un *Mémoire sur les équations
différentielles et aux différences partielles* : « Dé-
« sormais M. Bour a son rang fixé près des maî-
« tres. Il ne s'agit plus d'un jeune homme qui
« donne des espérances, mais d'un grand géomè-
« tre qui a tenu les promesses brillantes de sa
« jeunesse. »

Bour ne devait pas atteindre l'âge mûr: il
mourut le 8 mars 1866, d'une maladie contractée
dans une mission en Syrie : sur son lit de mort, il
reçut la croix de la Légion d'honneur, que Napoléon III lui envoyait. (1)

Edmond Bour fut unanimement regretté de

----

(1) Voir la notice publiée par la Société philomatique le
15 decembre 1800. (Paris, Gauthier-Villars).

ses condisciples, de ses élèves, de ses compatriotes, justement fiers des talents exceptionnels qui
le distinguaient. Cournot et lui sont les hommes
les plus éminents que Gray ait vu naître dans ce
siècle.

On a d'Edmond Bour : *Mémoires sur l'intégration des équations différentielles de la mécanique analytique.* (Comptes rendus de séances de
l'Académie des sciences tome XL, 1855, Journal
de math. t. XX, Mémoires des savants étrangers
t. XIV) ; *Mémoires sur le problème des trois
corps* (Comptes rendus des séances de l'Acad. des
sciences t. XL, 1855. Journal de l'Ecole polytechnique), et *Mémoires sur l'attraction d'un anneau
elliptique* (ib.) thèses de doctorat ; *Mémoire sur
les mouvements relatifs* (journal de mathématiques et comptes rendus de l'Acad. des sciences,
1856), *Mémoire sur la résolution des équations
numériques du troisième dégré, au moyen de
la règle à calcul* (Comptes rendus, t. XLIV,
1856) ; *Théorie de la déformation des surfaces*
(Journal de l'Ecole polytechnique, 39e cahier) ;
*Mémoire sur l'intégration des équations diffé-
rentielles partielles du premier et du second
ordre* (1862 ib.) ; *Mémoire sur le mouvement
relatif* (Journal de mathématiques, 1863) ; *Notes
sur la composition des rotations, sur les cones
circulaires roulants* (Société philomatique de Paris). On a aussi de lui des *observations* faites à
Batna sur l'éclipse de soleil du 18 juillet 1860,
(Comptes rendus de l'Acad. des sciences); *Cours
de mécanique et machines, premier fascicule :
cinématique* (1865, Gauthier-Villars, 1887, 2e

édit. avec atlas) ; 2ᵉ *fascicule statique* (id. ibid.
1868) 3ᵉ *Dynamique et hydraulique* (1874). Le 18
mai 1868 l'Académie accordait le grand prix de mathématiques à un mémoire de Bour, publié dans le
Journal de l'Ecole polytechnique sur l'intégration
des équations aux dérivées partielles du premier
et du second ordre. Son père reçut à la séance
publique une médaille commémorative.

M. Eugène Denis

M. Eugène Denis, né en 1832, remporta toujours le prix de dessin au collège de Gray, et entra
bientôt à l'école spéciale des beaux-arts à Dijon,
où il obtint une première médaille (1848). En
1852 il obtint une médaille d'argent pour un portrait, et se fit recevoir l'année suivante à l'école
des beaux-arts. Médaillé en 1858 au Salon, M. E.
Denis fit à Paris de nombreuses expositions par-
ticulières. En 1867 le ministère le chargea de
faire la copie du célèbre portrait en pied de Napoléon III, par Flandrin. Depuis, M. E. Denis a ex-
posé fréquemment au Salon, et s'est placé au
rang des bons portraitistes de notre temps. Ajoutons
que c'est M. Denis qui a peint, d'après Prud'hon,
le Christ en croix qui surmonte l'autel de la chapelle du collège : il en a fait don à cet établissement, dès 1851. M. Denis a fait beaucoup de na-
tures mortes, des tableaux de genre (halte de
chasse, chasseurs à l'affût, vue des moulins de
Gray).

M. Antoine-Alexis Mugnier

M. ANTOINE-ALEXIS MUGNIER, né en 1829, (?) bachelier en 1847, eut le 1er prix de droit romain, le 2e de droit français à Dijon en 1850. Reçu alors docteur, il fut admis en 1852 à concourir pour la suppléance à une chaire de l'École de droit de Dijon ; reçu au 3e rang pour une place d'agrégé (1856) il fut nommé l'année suivante professeur à la faculté de droit de Dijon, puis obtint peu après une chaire à celle de Strasbourg. Déjà M. Mugnier était cité parmi les savants juristes qu'a produits la Franche-Comté, lorsqu'il mourut dans toute la force de son talent. (1871)

M. Alexandre Lompré

M. ALEXANDRE LOMPRÉ, né à Semur, se fit recevoir avocat, fut un de fondateurs de l'*Indépendant de la Haute-Saône* (1868), et devint après 1870 procureur de la république à Gray. Il est mort dans la force de l'âge, conseiller à la Cour de Besançon (1883) : son talent était reconnu de tous.

M. Georges Lechartier

M. GEORGES LECHARTIER, né à Paris le 6 janvier 1837, fit ses études classiques au collège de Gray, où son père était professeur ; après deux années de mathématiques spéciales au lycée Saint-

Louis, il fut reçu à la fois élève de l'Ecole polytechnique et de l'Ecole normale. Entré le second à l'Ecole normale (1857), il en sortit licencié èssciences physiques et ès-sciences mathématiques.

Reçu le second agrégé des sciences physiques en 1861, docteur en 1864, M. Lechartier a professé au lycée de Bourg, et exercé les fonctions de préparateur de chimie à l'Ecole Normale ; depuis 1866, il est professeur de chimie à la Faculté des sciences de Rennes ; directeur de la station agronomique de Rennes (1878) et chargé d'un cours de chimie agricole, il a été élu membre correspondant de l'Académie des sciences en 1885. M. G. Lechartier est membre de plusieurs sociétés savantes, officier de l'instruction publique, chevalier du Mérite agricole, chevalier de la Légion d'Honneur (1865).

Il a publié de nombreux travaux scientifiques : *Sur l'analyse immédiate des minéraux Staurotides, Amphibole. Pyroxène* (1864, annales de l'Ecole Normale supérieure ; et dans les comptes-rendus de l'Académie des sciences : *Reproduction artificielle de la mimétèse et de quelques chlorouréniates isomorphes avec les chlorophosphates; Reproduction des pyroxènes et des péridots* (1867, 1868, 1872); *Sur le mouvement des gaz dans les plantes aquatiques* (1867); *Sur la transformation des fruits à l'abri de l'oxygène de l'air* (1869-1877, avec M. Bellamy) ; *Sur la présence du zinc dans les animaux et les végétaux* (1877); *Sur la présence du phosphore dans les roches de Bretagne* (1880) ; *Sur le dosage de l'acide phosphorique dans les terres arables (1884) ; Sur l'évaluation du degré de solubilité des principes fertilisants contenus dans une terre arable (1884) ; Sur l'emploi des engrais potassiques en Bretagne (1884) ; De l'influence de la présence de la magnésie dans les ciments (1885) ; Sur le chauffage du cidre ; Sur la congélation des cidres (1887).* Les recherches de M. Lechartier sur le cidre prouvent que l'application du procédé Pasteur au chauffage de cette boisson permet de la conserver en bon état pendant un long espace de temps : l'usage du cidre pourrait donc se généraliser, comme celui du vin, même dans nos grandes villes et dans les pays vignobles. M. Lechartier a publié dans les *Annales agronomiques : Recherches de l'oléo-margarine mélangée au beurre (1875) ; Composition des eaux de source des terrains granitiques d'Ille-et-Vilaine (1880) ; Sur la fermentation et la conservation des fourrages verts en silo (1881) ; Sur la composition du sarrazin (1881) ; Dans les annales de physique et de chimie : Dosage des matières organiques des eaux naturelles (1880) ; Sur la composition des cidres (1887) ; Dans les Bulletins de l'association pomologique de l'Ouest,* plusieurs études et analyses ; M. Lechartier a publié un grand nombre de ses *Cours annuels de chimie agricole,* et est auteur d'un important ouvrage intitulé, *Agriculture théorique et pratique basée sur la chimie agricole (1878).*

L'énumération de travaux de M. Lechartier nous dispensera de tout éloge. Ajoutons que ce savant a jadis écrit pour la *Presse Grayloise* un certain nombre de comptes-rendus et de feuilletons scientifiques. (Sur le sucre, sur Geoffroy St-Hilaire, (1861) ; sur les baux à ferme, sur l'industrie (1863) ; sur l'aluminium, sur l'enseignement professionnel (1864).

Les professeurs qui sont fiers d'avoir eu pour élèves des hommes de cette valeur ne prétendent pas ressembler à ces libraires qui disaient « J'ai fait Lamartine, j'ai fait Vigny. » Mais ils savent que très-souvent les aptitudes qui se prononcent au collège sont celles qui seront conservées pendant une vie tout entière : or ce sont plus d'une fois les encouragements et les récompenses des maîtres qui les font naître.

M. Maxime Delafont

M. MAXIME DELAFONT, né à Arc le 2 juin 1838, fit ses études classiques au collège de Gray, puis se livra à son goût pour la poésie, et publia dès 1857 , à Dijon, un premier volume (poésies diverses). Il se rapprochait alors de l'école romantique ; des critiques bienveillants louèrent l'harmonie de son style, la justesse des pensées, l'élévation des sentiments ; mais, au sujet d'une préface hardie, le *Figaro* traita durement le poète *né à Gray*. M. Delafont se perfectionna dans la méditation et le recueillement puis fit paraître en 1865 *les Olympiennes* (Dentu, éditeur). Les *Nouvelles Olympiennes* (1867) furent très louées par la *Presse Grayloise* (1867) ; en 1869 parurent les *Frêlons*, satire ; en 1872, *La Toison d'Or* ; M. Delafont s'est de plus en plus dégagé du joug romantique.

Il a aussi publié chez Dentu, *l'Histoire du Prince gracieux* (1867) ; Les *Points conjugués* (1873) etc. En 1870, il a passé quelque temps à Neuchâtel. Il est entré au ministère des affaires étrangères en 1874, et y remplit les fonctions d'attaché au cabinet du ministre (service de la presse).

M. Anatole Carteron

M. ANATOLE CARTERON, (1836-1886) auteur de *Ma jeunesse*, de *Premières chasses* (Papillons et Oiseaux, Hetzel 1866), et de *Causeries sur l'histoire naturelle*, était fils d'un notaire de Gray.

M. Jean-François-Abel Jouart

Issu d'une famille Grayloise fort ancienne, M. JEAN-FRANÇOIS-ABEL JOUART, né le 17 janvier 1838, fit de bonnes études au collège. Bachelier ès-lettres en 1855, bachelier ès-sciences en 1856, il entra à l'Ecole polytechnique après avoir étudié deux ans à l'institution Barbet ; puis, sorti de l'Ecole d'application de Metz, il fut nommé lieutenant d'artillerie de la Garde en 1862. Capitaine en 1868, M. Jouart, souffrant d'une chute de cheval, se distingua néanmoins par son courage et son énergie à la défense de Bitche ; décoré de la Légion d'honneur, il devint aide-de-camp du général de Fénelon, commandant (1878) et entra à l'Etat-Major général (1880). Après deux missions en Savoie (1882) et en Russie (1882), M. Jouart, fut reçu le premier au concours d'Etat-Major (1883) nommé lieutenant-colonel (1884) puis colonel (1887). M. Jouart est officier de la Légion d'honneur, décoré de l'Immaculée Conception de Portugal, de la Couronne d'Italie, de Saint-Grégoire, de la Couronne de Roumanie, de Saint-Olaf de Norwège, de l'ordre du Japon, Commandeur de Stanislas, Officier de l'Instruction publique.

M. Jouart est fort estimé comme écrivain spécialiste militaire. On a de lui : *Application de la photographie aux levés militaires* (Dumaine, 1866) ; *Description de l'artillerie Italienne* (Artilleries étrangères, tom II, Fontainebleau, 1874) ; et dans la *Revue d'artillerie* : Description de l'artillerie Italienne, (II, 265, 353, 444, IV, 1) ; un grand nombre d'autres articles dans la *Revue d'Artillerie*, et avec M. Huter: *l'Artillerie à l'exposition de Vienne* (tomes III et IV, Passim). On a aussi de M. Jouart : *Manuel à l'usage des officiers d'artillerie de réserve* (Berger-Levrault). *La guerre de montagne pendant l'insurrection carliste*, etc.

On voit d'après cette énumération, que M. Jouart est un de ces officiers laborieux qui, après nos désastres, se sont donné la tâche de faire connaître à l'armée les progrès accomplis dans l'art de la guerre par les autres nations de l'Europe.

M. Gustave Humbert

M. Gustave Humbert, (1849), élève de l'Ecole

polytechnique, décoré au siége de Paris, où il fut grièvement blessé. Capitaine en 1876, promu Commandant en 1884, pour sa belle conduite aux combats de Phu-Sa et de Sontay, a été aide-de-camp de l'Amiral Courbet et du général Millot, est aujourd'hui lieutenant-colonel d'infanterie de marine. Il est décoré de l'Ordre Japonais du Soleil Levant. On a de lui : *Historique succinct de l'artillerie au Tonkin pendant les années 1883 et 1884*, Lavauzelle, 1886, 2 vol. in-18, et dans le *Mémorial de l'artillerie de la marine*, avec croquis, etc...

M. Charles-Joseph Causeret

M. CHARLES-JOSEPH CAUSERET, inspecteur d'Académie à Poitiers, docteur ès-lettres en 1887, a publié : « *De Phaedri sermone*, (Garnier) ; *Etudes sur la langue de la rhétorique et de la critique littéraire de Cicéron* ; (Hachette).

M. Joseph Renaud

M. JOSEPH RENAUD, né à Vesoul en 1854, bachelier ès-lettres en 1871, bachelier ès-sciences en 1872 (avril) étudia les mathématiques spéciales au collège Rollin, où son professeur le félicita sur les méthodes employées au collège de Gray (par M. Coudry) pour l'enseignement des mathématiques élémentaires. En 1873, M. Renaud entra à l'Ecole polytechnique avec le numéro 225, mais en sortit avec le numéro 24 ; devenu ingénieur hydrographe de la marine, il fut chargé d'une mission en Cochinchine, obtint la croix de la Légion d'honneur (1882) et fit ensuite la campagne du Tonkin comme attaché à l'Etat-Major de l'amiral Courbet. M. Renaud a publié plusieurs mémoires et rapports : on a surtout remarqué son rapport à la Société de Géographie (1887) sur la création d'un nouveau port au Tonkin. M. Renaud est officier de l'ordre du Cambodge.

M. Maurice Renaud

M. Maurice Renaud, né à Gray en mai 1857, bachelier ès-lettres en 1873, bachelier ès-sciences en 1874, entra, lui aussi, au collège Rollin, et se fit recevoir à l'Ecole polytechnique avec le numéro 34 ; il en est sorti avec le numéro 7. M. Maurice Renaud, après avoir pris les grades de licencié ès-sciences mathématiques et de licencié en droit, est devenu ingénieur des ponts-et-chaussées à Paris.

M. Raynald Petiet

M. Raynald Petiet, Docteur en droit, obtint à Paris une médaille d'or au concours, puis le prix Rossi (2.000 fr.). Il est avocat à la Cour d'Appel depuis 1883. Il a publié : *Histoire du Pouvoir législatif avant la révolution de 1789 ; Origine, conditions et effets de la cassation; Adjudication sur surenchère* (couronné par la Faculté) ; *De la preuve en matière de reprises matrimoniales ; De la publicité en matière d'état et d'incapacité des personnes.*

M. Gaston Vannesson

M. Gaston Vannesson, a fait une partie de ses études au collège de Gray : il est aujourd'hui avocat à Paris, rédacteur de la *Gazette des Tribunaux*, etc.

M. le docteur Degoix

M. le Dr Degoix, de Pesmes, est officier d'Académie, rédacteur en chef du *Petit Médecin des Familles*, secrétaire de la Société française d'hygiène, vice-président de la Société d'hygiène de l'enfance. Il a collaboré à la *Presse Grayloise*.

M. Emile Haumant

M. Emile Haumant, né à Sarrebourg en 1859, fit une partie de ses études au collège de Gray ; bachelier ès-lettres en 1878, il entra à l'Ecole des Chartes en 1879, puis l'année suivante à l'Ecole des langues orientales. Après avoir été chargé d'une mission en Hongrie par le ministère de l'Instruction publique, M. Haumant s'est fait recevoir agrégé d'histoire (1887) ; il est aujourd'hui professeur au lycée de Saint-Quentin.

M. George Bois

M. George Bois, né à Fresne-Saint-Mamès en 1859, suivit le cours de l'enseignement spécial au collège de Gray ; il se livrait déjà en secret à son goût pour la poésie, et son volume, les *Premières feuilles*, qu'il publia en 1882, renferme plusieurs pièces composées sous les ombrages du préau. M. Bois, en 1885, fit représenter au Théâtre des Nations un drame en quatre actes et en vers : *Edith*, qui, joué par des acteurs du Théâtre-Français et de l'Odéon, valut à son auteur les chaleureux éloges de la critique théâtrale. Puis il publia *Un petit révolutionnaire sous Henri III*, et en 1887, un roman de mœurs parisiennes, intitulé *Son Gendre !* dont les scènes hardies furent jugées avec bienveillance par les critiques. M. Bois a encore écrit : *Les Damnées*, contes cyniques en vers, qui ont réussi et ont eu une édition illustrée ; *Cœur au vent !* poésies (Lemerre, éditeur) ; *Précoce*, peinture osée de mœurs parisiennes, édité, comme le précédent, chez Dentu (1888). L'heure n'est pas encore venue de porter un jugement d'ensemble sur les œuvres du jeune auteur, qui travaille beaucoup et n'a pas dit son dernier mot.

En préparation : *Le Fils du Bourreau*, roman de cape et d'épée ; la *Sœur du Curé*, mœurs provinciales.

M. Georges Delanne

M. Georges Delanne, ingénieur, sorti de l'Ecole centrale, a publié *Le Spiritisme devant la Science*, et collaboré avec M. Camille Flammarion. Président de l'Union spirite, il est rédacteur en chef de la *Revue spirite*. Il est regrettable qu'un esprit distingué s'égare dans des voies aussi dangereuses.

Par excès de modestie, des hommes d'un réel mérite n'ont pas voulu répondre à mes questions, comme M. Alphonse Thevenot, chirurgien de mérite, auteur de mémoires fort appréciés, ancien professeur de faculté au Chili, puis médecin à Paris. Je ne puis que citer M. Léon Vivot, professeur, ancien élève de l'École normale supérieure, Victor Tisserand, inspecteur des forêts (admis le 3ᵉ à l'École forestière en 1863) (1).

Je suis obligé, pour éviter des longueurs, de ne point citer les médecins de l'armée et de la marine ainsi que les officiers qui n'ont point encore les grades supérieurs. Mais si j'ajoute que la plupart des avocats, notaires, conseillers municipaux et commerçants de Gray, hommes utiles autant que modestes, ont fait leurs études au collège, j'aurai prouvé surabondamment que son passé n'est pas sans éclat et que l'élève laborieux n'y est pas moins assuré du succès qu'un élève de lycée.

---

(1) J'ai omis, dans l'*Histoire de l'ancien collège*, le général de brigade Charnotet (1761-1840) qui fut chassé pour n'avoir pas voulu subir le fouet en 3ᵉ; le général Cretin, tué à Aboukir, et le bibliophile Cournot.

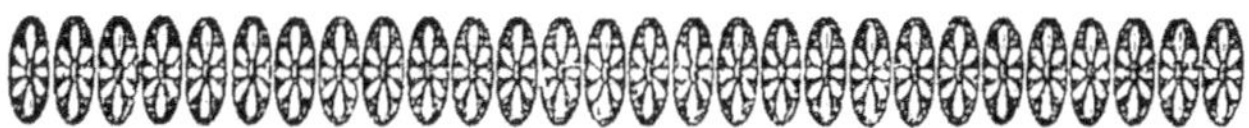

PROGRAMME

DES EXERCICES LITTÉRAIRES

DU COLLÈGE DE GRAY

POUR LA FIN DE L'ANNÉE CLASSIQUE 1828

Analyse

Les sujêts à traiter étaient divisés en fragments qu'on tirait au sort. La rhétorique, le 25 août, appliquait les préceptes de l'art oratoire à six discours choisis de Tacite ou d'Ovide, exposait des principes de littérature sur les pensées, le style, les grands et petits poèmes français et les poésies fugitives, analysait Ovide à Colone, expliquait deux cents vers de cette pièce avec l'imitation française des imprécatione d'Œdipe par Laharpe, puis le discours d'Eschine sur la couronne, le *Pro Roscio*, de Cicéron; on analysait, récitait et expliquait les deux cent cinquante premiers vers de l'Art poétique d'Horace en développant les beautés et difficultés du texte, puis les deux premiers chants de Boileau. Enfin les élèves livraient quelques pièces de leur composition.

Voici la liste des sujets expliqués dans les autres classes. *En seconde :* Définition, développement et exemples des tropes et autres figures de mots morceaux choisis de l'Énéide, des odes d'Horace, de la vie d'Agricola, du *Pro Archiu ;* la 3e Olyn- thienne ; l'épisode d'Achille pleurant la mort de Patrocle et des morceaux choisis de poésie fran- çaise. *En troisième* : le livre 3e et des morceaux choisis du 11e de l'Enéide, avec les vers de Delille ; la 1re et la 4e Catilinaire (la 4e récitée) ; la conju- ration de Catilina (morceaux récités) ; le livre 3e de l'Iliade (id.) ; Lucien, morceaux choisis du Coq ; Socrate (éloge d'Evagoras). *En quatrième* : Virgile, les églogues 1 et 3, l'épisode d'Aristée, Ovide (morceaux choisis des livres 8, 10 et 11 des Méta- morphoses ; Quinte-Curce ; les 8 premiers para- graphes et les 15 derniers du 8e livre de l'histoire d'Alexandre ; Lucien, 11 dialogues des Morts (ex- plication et analyse grammaticale) ; on récite de l'histoire de France avec des notions de géographie de l'Europe. *En cinquième :* des lettres de Cicé- ron, du Cornélius Nepos, 15 fables d'Esope, l'his- toire romaine jusqu'à la deuxième guerre punique ; avec des notions détachées sur la géographie an- cienne et moderne. *En sixième :* 14 chapitres du *Selectæ,* l'histoire ancienne de l'Orient, celle de la Grèce jusqu'à la guerre du Péloponèse, avec la géographie de la France ; il y a un concours pour un prix particulier dont l'objet est le développe- ment analytique de dix-huit fables de Phèdre ; ceux qui ne sont point admis au concours expliquent le *De Viris illustribus* (1re guerre punique). *En septième :* l'*Epitome historiæ græcæ,* l'*Appendix de diis,* les principes de la grammaire latine et française (récitation et application sur les auteurs ou sur le tableau) ; la chronologie de l'histoire depuis la venue de J.-C. jusqu'en 1417 ; des notions sur les termes géographiques, les grandes divisions du globe, de l'Europe et celles de la France par gouvernements ; en 8e, la grammaire latine et française (y compris les verbes), l'*Epitome historiæ sacræ* (histoire de Joseph), l'histoire du Nouveau Testament et des fables. La 1re division de mathématiques a en algèbre : Formation des puissances des quantités complexes ; les équations du second degré, et la géométrie plane depuis les parallèles jusqu'aux trois corps ronds ; la 2e, les fractions, le système métrique, les racines, proportions, progressions, logarithmes, les équations du premier degré.

Une note invitait les parents à venir au moins à l'exercice où leur fils devait répondre, et s'ils ne le pouvaient, à y faire assister quelque personne qui les représentât.

La distribution des prix avait lieu le 24 août, à 4 heures du soir ; elle était précédée d'un exercice littéraire. Les vacances n'étaient ouvertes, même pour les externes, que le lendemain, à 9 heures, après la messe d'actions de grâces.

A la distribution, l'élève président de la Société académique ouvrait la séance par un hommage à M. le Préfet et aux autorités ; puis M. le Principal ayant prononcé un discours, le secrétaire de la Société exposait le sujet de la séance académique, que suivait enfin la distribution des prix.

On donnait des premiers prix d'application et bonne conduite, d'après les notes, et des prix secondaires à ceux qui avaient réparé dans les examens quelques légères négligences.

Un élève pouvait être auditeur, puis agréé, puis titulaire dans la Société académique d'émulation, composée d'élèves distingués, choisis par le suffrage de leurs maîtres et de leurs condisciples.

La rentrée des classes était fixée au 31 octobre. Deux régents donnaient des leçons pendant quatre semaines moyennant une rétribution de 5 francs.

A partir de 1829, les programmes mentionnent des interrogations de physique et de trigonométrie rectiligne.

En 1829, M. Paraingaux lut un discours sur l'honneur, puis des élèves firent entendre un dialogue sur les vacances. Il y eut, cette année, un prix de dissertation philosophique et un d'argumentation, un de langue allemande, un prix de dessin pour groupes ou figures sur pied au crayon ou à l'estompe, un pour têtes de premier ordre, un pour petites têtes. La société d'émulation comptait 6 titulaires, 5 agréés, 11 auditeurs (ces derniers depuis la 5e). Tout membre titulaire qui avait eu constamment les grands prix de diligence, depuis trois ans, avait fini ses études et avait été président, recevait une médaille portant son nom et cette devise : *Nunc, ut cepisti, perge.*

En 1830, on lit une pièce de vers sur le *Pont de Bordeaux* et une romance : *Le guerrier français partant pour Alger.* (1)

---

(1) Plus tard, M. Courlet faisait jouer du Molière par les grands élèves; plusieurs d'entre eux chantaient des duos en public, pendant la saison d'hiver, avec les demoiselles de la ville.

M. Renoir laissa tomber (1831) la petite Acadé
mie, mais institua pour chaque classe un prix de
diligence. (1)

PROSPECTUS (1829)

Analyse

Depuis la 5e, les élèves ont des leçons d'arithmétique pratique, puis de mathématiques dès la
seconde année d'humanité, et dans les trois autres
ils peuvent se préparer pour l'école polytechnique
sans discontinuer leurs études littéraires... L'écriture et le dessin (ce dernier depuis la 6e) sont des
exercices communs et obligés... Lecture publique
est faite des notes de la semaine par le Principal,
qui donne des témoignages, sans parler du tableau
d'honneur... Les pensionnaires sortent de deux
dimanches l'un, de midi à 4 heures... Les élèves
peuvent s'occuper d'histoire naturelle en promenade : on leur en donne des notions. Les pensionnaires mangent avec le principal et les régents internes. Le prix de la pension est de 450 francs ;
celui de la demi-pension de 300 francs ; les externes paient 20 fr. pour l'écriture, l'arithmétique
et les frais de leur salle d'étude, avec 20 francs
de droit universitaire, 30 pour le blanchissage et le

---

(1) Les témoignages hebdomadaires de bonne conduite
et le tableau d'honneur mensuel existaient comme sous
l'abbé Lelanne ; mais on n'avait plus son Académie d'émulation dans laquelle tout bon élève était membre ou simplement auditeur.

raccommodage si les parents ne veulent point s'en charger, 15 pour fournitures de papier, plumes et encre.

En 1834, il y avait 98 élèves : 4 en philosophie, 9 en rhétorique, 9 en seconde, 8 en 3e, 12 en 4e, 11 en 5e, 15 en 6e, 17 en 7e, 13 en 7e (2e division), en tout 98. Les cours de mathématiques spéciales étaient réservés à la philosophie, ceux de physique à cette classe et à celle de rhétorique; la rhétorique et la seconde formaient la première division de mathématiques élémentaires, et les autres classes, depuis la 5e, composaient la deuxième division.

EXTRAIT D'UNE LETTRE DE M. DROUHARD

A M. LE DÉPUTÉ LÉLUT

EN FAVEUR DE M. L'AUMONIER PEYRE (1851)

... Si l'on eût été moins pressé de faire partir la pétition, je puis assurer que les trois quarts des pères de famille et tout ce qu'il y a d'honnête dans la ville auraient voulu la signer.

... Tous les pères de famille et le conseil municipal demandaient avec instance un aumônier pour diriger l'instruction religieuse des enfants fréquentant le collège. Le principal s'y opposa longtemps de toutes ses forces, prétendant que c'était chose inutile... Mais lorsque la diminution des élèves du collège eut averti que la confiance des parents s'en allait, il cessa tout à coup son opposition et il eut lieu de mettre autant d'empressement à réclamer un aumônier, qu'il avait mis d'obstination à n'en pas vouloir.

Au mois de novembre 1849, M. l'abbé Peyre fut nommé par le ministre, aumônier et professeur de 5e. On ne tarda pas à reconnaître dans M. Peyre un homme d'un talent éminent, d'une modestie et d'une piété profonde. La confiance revint avec lui et l'établissement ne tarda pas à reprendre son importance.

M. Bonnaire, qui s'était fait nommer pour faire la classe de philosophie, faisait un cours tout à fait nul et ridicule... Pour l'année 1850-51, l'aumônier fut nommé régent de philosophie... et M. Bonnaire eut l'humiliation de redescendre en 5ᵉ. L'amour-propre blessé pardonne difficilement. M. Peyre vient d'en faire la cruelle épreuve...

M. Bonnaire publia que M. Peyre entretenait des relations intimes avec plusieurs femmes qu'il recevait chez lui dans l'établissement même... Dans son rapport, il a représenté comme une jeune et jolie ouvrière une vieille lingère bigote fort laide et fort ennuyeuse, mais la plus brave fille du monde... Je sais par plusieurs membres du bureau que tous avaient reconnu que le principal était un calomniateur, et si on lui a fait grâce de cette épithète dans le rapport, c'est à la sollicitation du recteur et pour ne pas briser la carrière de M. Bonnaire qui est père de famille...

C'est hier que M. Peyre a rempli pour la dernière fois ses fonctions d'aumônier au collège et dès le même jour 15 ou 18 pères de famille en ont retiré leurs enfants. Tout ce qu'il y a d'honnête dans la ville est allé s'inscrire chez l'aumônier...

Si sa révocation est maintenue et si le principal reste, notre pauvre collège est perdu...

LISTE DES PRINCIPAUX & PROFESSEURS

PRINCIPAUX

1804, Couturier; 1811, Vannier; 1815, Samion;
1826, abbé Lalanne; 1830, Paraingaux; Renoir;
1832, Charpy; 1836, Courlet; 1846, Babut; 1847,
Bourgeois; 1848, Bonnaire, 1851, Tisserand; 1852,
Lusson; 1856, Duprat; 1858, Caron, puis Blin;
1863, Mousseux; 1869, Favereau; 1879, Berger.

AUMÔNIERS

1804, Dubois; 1816, Cornu; 1822, Meynier;
1824, Debauchez; 1826, Lalanne (principal); 1831,
(?) Jacquerey; 1845, Besson; 1849, Jardet, puis
Pradel, puis Peyre; 1851, Jacquerey (de nouveau);
1856, Racle; 1861, Vuillemin (1); 1865, Joffrain;
1870, Bouveresse; 1872, Langrognet, 1875, Mille-
ret; 1876, Labeuche; 1883, Berthold; 1884, Jeannin; 1887, Michel; 1888, Demenu.

---

(1) En 1861, l'aumônerie est rattachée à la Cure, et
depuis cette époque, M. le curé de la ville est aumônier
titulaire : il délègue ses fonctions à un vicaire.

PROFESSEURS

Philosophie. — 1827, abbé Lalanne (principal, premier titulaire); 1829, Perron; 1830, abbé Mabile; d'Hérens; 1831, (?) abbé Jacquerey; 1845, Courlet; 1847, abbé Besson; 1849, Bonnaire (principal); 1851, abbé Jacquerey (de nouveau); 1856, abbé Racle; 1862, Bon, puis Chavin; 1866, Chrétien; 1868, Grand; 1870, Favereau (principal); 1879, Jeantin; 1882, Jourjon (puis philosophie et rhétorique).

Rhétorique. — 1805, Guillebaut; 1815, Samion (principal); 1826, abbé Lalanne (principal); 1827, Paringaux; 1832, Charpy (principal); 1836, Courlet (principal); 1845, Cordival, puis abbé Besson; 1847, Cordival (de nouveau); 1850, Febvre père (puis rhétorique et seconde réunies); 1869, Narcisse Febvre; 1877, Richard; 1882, Valin; Vouillaume; 1884, Jourjon (rhétorique et philosophie).

Seconde. — 1811, Sugier (premier titulaire); 1815, Guerrin; 1825, Clerc; 1827, Suffisant; 1842, Vincent; 1843, Cordival; 1847, Samion; 1850, Gauthier; 1853, Lusson; 1856, Duprat, ; 1858, Blin (puis union avec la rhétorique jusqu'en 1878); 1878, Bécanier; 1879, Faure - Muret; 1880, Joran; 1881, Ferreux; 1882, Vouillaume; 1884, Duhaut.

Troisième. — 1805, Chauveau, puis Grosrichard (?); 1816, Bel; 1825, Suffisant; 1827, Buffet; 1830 (?) Muyard; 1831, Cordival; 1843, Samion; 1847, Mollard; 1851, Vial fils; 1852, Varenne; 1853, Perrin; 1854, Vaubourg; 1855, Girard; 1856, Hardel; 1857, Moynier; 1858, Bon; 1859, François; 1862, Chambard; 1863, Mousseux (principal); 1866, Richelet; 1869, Chambard (3e et 4e réunies); 1872, Richard; 1877, Rondey; 1879, Bourguet; 1884, Parisot; 1885, Leblanc; 1886, Isaac; Perrichon; 1888, Ner; 1889 Rochard.

Quatrième. — 1810 (?) Bel; 1816, Perret; 1823, Tissot; 1825, Millerand; 1832, Bourgeois; 1836, Samion; 1843, Vaissier; 1853, Lordier, puis Mouras; Chambard; 1862, Saillard; 1863, Chambard (puis la 4e est réunie à la 3e).

Cinquième. — 1805, Longin (5e et 6e); 1815, Fontaine (5e et 6e); 1816, Rocot (5e et 6e); 1825, Montigneul (5e et 6e); 1827, Perron; 1829, Lépagney; 1832, Samion; 1836, Poirier; 1842, Prost, suppléant; 1843, Poirier (de nouveau); 1849, abbé Jardet, puis abbé Pradel, puis abbé Peyre; 1850, Bonnaire (principal), puis Mouras; 1853, Boisteaux, puis Gauthier; 1859, Coudre; 1862, Rabbe (puis 5e et 6e en 1863); 1883, Godard, puis Partout; 1887, Coré, puis Biendiné; 1888, Jeannin.

Sixième. — 1825, Vial père; 1827, Lépagney; 1829, Vial père; 1854, Vial fils; 1856, Ernst; 1857, Coudre; 1858, Saillard; 1862, Burlet (en 1863, la 6e est réunie à la 5e).

Septième. — 1815, Montigneul; 1826, Vial père; 1827, Cordival (8e et 7e); 1829, Tisserand (8e); 1831, Bonnet (7e et 8e); 1835 (?) Lançon (7e

et 8e) ; 1842, Roblot (7e) ; Goetz (8e) ; 1843, Prost
(7e et 8e) ; 1848, Strohl (7e) ; Goetz, 8e ; 1844, Prost
(7e et 8e) ; 1848, Strohl (7e) ; Mouras (8e) ; 1851,
Rabbe (7e et 8e) ; 1853, Sarré (8e) ; 1854, Girard ;
1855, Bousson (7e) ; Durand (8e) ; 1856, Chavin-
Colin (7e) ; 1858, Rabbe (7e) ; Voinchet (8e) ; 1863,
Narcisse Febvre (7e) ; Lombard (8e) ; 1865, Meunier (7e et 8e) ; 1872, Mertz (7e) ; Vyain (8e) ; 1874,
Meyer (7e) ; 1875, Juif (8e) ; 1876, Jantet ; 1877,
Sommer (7e et 8e), puis Soulliard (7e) ; 1878, Gauthier (8e) ; Thomassey (7e et 8e) ; 1884, Jeudy ;
1887, Maire.

Mathématiques élémentaires (dites d'abord
spéciales). — 1805, Pagnon, puis Quirin ; 1810,
Vannier (principal) ; 1816, Renoir ; 1832, Sirguey ;
1835, Cavaroz ; 1836, Humbert ; 1841, Hugues ;
1844, Pernet ; 1851 Tisserand ; 1853, Augé (lettres) ;
1856, Lechartier ; 1857, Jouhanneaux ; 1868,
Roche (chaire de mathématiques élémentaires,
physique et chimie). (1)

Mathématiques préparatoires (ou 2e chaire).—
1805, Planty... ; 1829, Lépagney ; 1832, Tisserand
(professeur de mathématiques préparatoires et de
physique) ; 1835, Humbert ; 1836, Laferrière
1845, Sirguey ; 1848, Lechartier (à la première
chaire en 1856) ; 1856, Blanc ; 1857, Etallon ;
1860, Lamagdelaine ; 1862, Coudry.

---

(1) Par le fait, M. Roche n'enseignait que les sciences
physiques. On sait que les programmes scientifiques
furent plus d'une fois modifiés. M. Coudry fut donc titulaire de la chaire de mathématiques.

Physique et Chimie. (Avant 1870, le professeur de mathématiques élémentaires. — 1870, Roche (la première chaire de mathématiques est ainsi transformée) ; 1886, Mathieu.

Histoire et géographie. — 1877, Narcisse Febvre (premier titulaire); 1889, Ch. Godard.

Allemand.— 1830 (?), Laferrière ; 1841, Goetz ; 1845, Kœnig ; 1849, Strohl : 1852 (?) Bastian ; 1853, Vial fils ; 1856, Ernst ; 1857, Coudre ; 1863, Coudry et 1876, Marx (enseignement spécial); 1879, William ; 1880, Doyen ; 1882, Feyler et Coudry ; 1883, Lagondet.

Anglais. — Il y eut des chargés de cours à diverses époques: 1853, Lusson ; parfois des maîtres libres ; 1872, Busnot ; 1875, Boullangé ; 1878-80, William.

Dessin. — 1804, Mouchet ; 1815... ; 1830 (?), Robert ; 1852, Louis Genève ; 1853, Couché ; 1854, Vachez ; 1875, Joseph Roux.

Musique. — 1851, Richert ; 1853, Louis Hustache ; 1860, Jules de Groot ; 1861, Charles Dubois ; 1864, Jahn ; 1864, Louis Hustache ; 1888, Calais.

Maître de chapelle et piano. — 1873, Martin Utteinweiller.

Français. — Bonnefoi, économe, surnuméraire pour les premiers éléments (1827-1830), et Mulhaupt, préfet de surveillance (id.) (Intervalle de 23 années). 1853, Hermann-Walbornn, chargé du cours supérieur. — J. Baux et Martin (cours élémentaire), 1857-58, (enseignement supérieur); Juret, calligraphie (1859); Coudriet (enseignement élémentaire), 1863; Poulain, classe élémentaire, 1863 ; Vuilleminot (*classe élémentaire*, 1865).

Enseignement secondaire spécial. — 1863, Rénel (1er cours); Jacques, (2e); Poulain (classe élémentaire préparatoire); 1864, Coudriet, 2e chaire; Perrot (1re année), et Gerbaulet (2e); 1865, Boulée (1er cours); Laffond, puis Perrot (2e); 1866, Simon (1er), Perrot, 2e; 1867, Gerbaulet (1er); 1869, Valance (2e et 1re année), et Simon (année préparatoire); 1871, Brulard (1re année); 1873, Darney (premier titulaire d'une chaire de *physique*), Brulard (*mathématiques*), puis J.-B. Doublot (1879); 1880, Charles Doublot (1er titulaire d'une chaire de littérature et d'histoire); 1882, Jeudy (année préparatoire, en remplacement de M. Simon) 1884, Thomassey (1re année, chaire rétablie) ; 1889, Renouvin (1re année).

Arboriculture. — Laurent, 1869-1875, puis Darney.

Classe élémentaire. — 1863, Poulain ; 1865, Vuilleminot (mars).— *Id.* 2e Section. 1872, Schaller (1er titulaire); 1873, Patoillet; 1874, Gaulin; 1876, Bréjoux ; 1882, Beucler ; 1884, Jacquin ; 1888, Beucler.

ERRATA

M. Favereau est retiré à Bourbon-Lancy et non à Bourbonne-les-Bains.

Bacheliers ès-lettres en 1853. Charlemagne Emile, Chofardet Auguste (t-b) ; Bachelier ès-siences : Charlemagne Emile.

M. Georges Garnier, né à Gray le 17 novembre 1815, est fils d'un président du tribunal de cette ville. Membre de l'académie du Sonnet, il a publié : *Origines de quelques coutumes anciennes par Moisant de Brieux* (Caen, Le Gost-Clérisse, 1874) ; *Monographie du Sonnet* (avec M. de Veyrières) ; 2 vol., Bachelin-Deflorenne ; *Almanach du Sonnet* (1873-1875) etc.

J'aurais pu citer les colonels Gelez, Poulot, Bobillier, Poulléau, Victor Maréchal.

M. Benjamin Febvre fut professeur de rhétorique pendant près de et non plus de vingt ans.

A l'article sur M. Bois, lire : *Contes grivois* et non *Contes cyniques* ; *Précoce* a paru en 1888, avant *Cœur au Vent.* chez Dentu.

Nous n'avons pu obtenir une notice de M. Stanislas Brugnon.

M. Duhaut, professeur au collège, est auteur d'une tragédie intitulée *Platerliska...*

TABLE DES MATIÈRES

ACHEVÉ D'IMPRIMER

Le premier septembre mil huit cent
quatre-vingt-neuf

PAR

GILBERT ROUX

POUR

M. CHARLES GODARD

VSQVE AD ARBORE SI
C R

www.ingramcontent.com/pod-product-compliance
Lightning Source LLC
LaVergne TN
LVHW051018200726
843508LV00001B/243